教育改革目标的整体设计及其注解

武文虎 著

山西出版传媒集团
山西人民出版社

图书在版编目（CIP）数据

教育改革目标的整体设计及其注解／武文虎著.
--太原：山西人民出版社，2014.12
ISBN 978-7-203-08884-4

Ⅰ.①教… Ⅱ.①武… Ⅲ.①教育改革—改革目标—
研究—中国 Ⅳ.①G521

中国版本图书馆CIP数据核字（2014）第284788号

教育改革目标的整体设计及其注解

著　　者：武文虎
责任编辑：李　鑫
装帧设计：陈　婷
出 版 者：山西出版传媒集团·山西人民出版社
地　　址：太原市建设南路21号
邮　　编：030012
发行营销：0351-4922220　4955996　4956039
　　　　　0351-4922127 （传真）　4956038（邮购）
E—mail：sxskcb@163.com　发行部
　　　　　sxskcb@126.com　总编室
网　　址：www.sxskcb.com
经 销 者：山西出版传媒集团·山西人民出版社
承 印 者：山西臣功印刷包装有限公司
开　　本：787mm×1092mm　1/16
印　　张：8.25
字　　数：62千字
印　　数：1-600册
版　　次：2014年12月 第1版
印　　次：2014年12月 第1次印刷
书　　号：ISBN 978-7-203-08884-4
定　　价：20.00元

如有印装质量问题请与本社联系调换

人的精神世界是情感世界、认知世界和经验世界的统一，因而片面改造认知世界无法改造精神世界，永远如此！

——与读者共勉

关于《2014高考改革方案》的认识和建议

（代序）

读了《2014高考改革方案》后，感慨良多。首先为这个方案的许多地方叫好。比如"一、总体要求"的所有内容，"三、加强组织领导"的所有内容。在"二、主要任务和措施"中，"提高中西部地区和人口大省高考录取率"、"增加农村学生上重点高校人数"、"减少和规范考试加分"、"完善高校招生选拔机制"、"拓宽社会成员终身学习通道"、"改革监督管理机制"、"改革招生录取机制"、"开展改革试点"等内容，也都是应当叫好的地方。

另外，其他条款中也有许多值得称道的地方，这里就这些条款中令人深思的部分，谈谈笔者自己的认识和建议。

1. 改革考试科目设置。增强高考与高中学习的关联度，考生总成绩由统一高考的语文、数学、外语3个科目成绩和高中学业水平考试3个科目成绩组成。保持统一高考的语文、数学、外语科目不变、分值不变，不分文理科，外语科目提供两次考试机会。计入总成绩的高中学业水平考试科目，由考生根据报考高校要求和自身特长，在思想政治、历史、地理、物理、化学、生物等科目中自主选择。

由"引言"您将了解到，具有一定生活素质的自然人只有具备一定专业素质，才能成为人才。任何专业素质都由一定文化素质和技能素质构成。文化素质使自然人具有适应和促进社会发展的意愿，具有适应社会发展的能力，从而转化成为社会人；技能素质使社会人具有促进社会发展的能力，最终成为人才。而促进人们通过学习文化知识和技能知识，成为具有文化素质和技能素质的人才，正是教育的主要目的。**高考是通过考查考生专业素质进而通过高校录取工作选拔人才的。任何人才**

都必然具备的专业素质包括文化素质和技能素质两个方面，因而高考应当从文化素质和技能素质两个方面进行。

既然具备文化素质就能够使人"具有适应和促进社会发展的意愿，具有适应社会发展的能力"，那么考查文化素质的主要目的，就是要了解考生适应和促进社会发展的意愿，适应社会发展的能力。考生是否具有"了解考生适应和促进社会发展的意愿，适应社会发展的能力"，取决于他的情感世界、认知世界和经验世界是否与社会发展的需要相一致。可见文化考试的内容应当涵盖人的情感、认知和经验三个方面，具有全面性和综合性特点。一个人的文化素质总是体现为一定情感态度、意志追求、言行习惯，这决定了文化考试应当与学习过程高度相关，具有过程性特点。

既然具备技能素质就能够使人"具有促进社会发展的能力"，那么考查技能素质的主要目的，就是要了解考生促进社会发展的能力。一个人只能在某个领域（甚至在某件事上）通过创新工作和活动促进社会发展，即一个人的技能素质具有很强的个性特点，是个人根据自己的价值观念、兴趣爱好、智力结构、利益诉求、可运用的社会资源和物质条件等个性因素选择的结果。可见，技能考试应当具有专业性和选择性特点。一个人的技能素质总是体现为"最终"运用水平，这决定了技能考试应当具有操作性特点。

所以，**文化考试和技能考试的主要目的不同，应当具备的特点也不同，这决定了文化考试和技能考试只能分开进行，实行"文化考试＋技能考试"的考试模式。**

我国目前的文综考试和理综考试，已经初步具备全面性和综合性特点。《2014高考改革方案》中要求把相关科目的学业水平考试成绩计入高考成绩，又使得文综考试和理综考试初步体现出过程性特点。看来我们可以把目前的文综考试和理综考试看作文化考试。

但是，目前的文综考试和理综考试都没有从情感、认知、经验等角度考查考生是否具有"适应和促进社会发展的意愿，适应社会发展的能力"，因而没能切实实现文化考试的主要目的。所以从目的角度看，文综考试和理综考试还不是真正意义上的文化考试。

要举行真正意义上的文化考试，使其主要内容能够从情感、认知、经验等角度考查考生，是否具有"适应和促进社会发展的意愿，适应社会发展的能力"，就必须在基础教育阶段进行新一轮的课程改革。按照本人设想，新一轮课程改革之后，高中必修课科目的数量就达到近20门，显然，每一门文化课学科独立参加高考，势必加大高考的组织难度，也不利于引导学生形成综合运用文化知识的意识和能力。

所以文化考试应分为四个门类进行：哲学修养考试、数学科技考试、法学社会考试和外语会话考试。其中，哲学修养考试的内容以哲学常识、国语文化常识、文学阅读常识、传统文化常识、文明礼仪常识、大众心理常识等学科的内容为基础；数学科技考试的内容以数学常识、物理学常识、化学常识、生物学常识、自然地理常识等学科的内容为基础；法学社会考试的内容以法律制度常识、人类历史常识、人文地理常识、市场活动常识等学科的内容为基础。外语会话考试的内容以外语会话常识为基础（详见"正文"第13—14页）。

只有这样，才能通过"科学设计命题内容"，"改进评分方式，加强评卷管理，完善成绩报告"等办法，使文化考试能够切实了解考生，适应和促进社会发展的意愿，适应社会发展的能力。

我国目前的语文、数学、外语考试已经具备了操作性特点。我们可以把它们看作技能考试。一个人对专业领域的技能发展缺乏熟练掌握、切实应用和独到体会，就不可能切实具有"促进社会发展的能力"。目前的语文、数学、外语考试虽然在一定程度上，已经做到了考查考生对专业发展的"熟练掌握"，也初步做到了考查考生对专业发展成果的"切实应用"，但是还没有考查考生对专业发展的"独到体会"，另外存在着专业性较弱（综合性过强），不具备选择性的问题。所以从目的角度看，语文、数学、外语考试还不是真正意义上的技能考试。

上述问题只有通过基础教育新一轮课程改革才能解决。新一轮课程改革完成后，具体考试科目按照考生报考专业的要求在下列科目中确定：阅读写作基础、古汉语基础、数学原理基础、物理数学基础、生化数学基础、统计数学基础、外语翻译基础、机械物理基础、电磁物理基础、光学物理基础、原子物理基础、天体物理基础、分析化学基础、结构化学基础、生态学基础、植物学基础、动物学基础、微生物学基础、法学基础、经济学基础、政治学基础、哲学原理基础、自然哲学基础、社会哲学基础、精神哲学基础、社会文化史基础、科学技术史基础、人文地理基础、自然地理基础、计算机基础、艺术与设计基础、科技与设计基础等（详见正文第14—15页）。

不同专业的技能知识不同，因而不同专业的技能考试科目及其数量可能是不同的。比如，经济学专业的技能考试科目有三科，包括统计数学基础、经济学基础和哲学基础；桥梁工程专业的技能考试有两科，包括物理数学基础和机械物理基础；政治教育专业的技能考试有四科，政治学基础、经济学基础、历史学基础、哲学基础；中国历史专业的技能考试有三科，包括社会哲学基础、社会文化史基础、古汉语基础。

只有在基础教育新一轮课程改革基础上改革技能考试，才能全面考查考生对专业发展的熟练掌握、切实应用和独到体会，真正实现技能考试的主要目的，切实考查考生促进社会发展的能力。

随着社会对高考改革的理解和适应，监督机制和信用体系的建立和完善，文化考试成绩中应当计入"过程学分"，技能考试中应当计入"应用创新学分"。其中，过程学分是由出勤考核（约占70%）、课堂参与程度（约占30%）等方面考核形成的，应用创新学分主要是通过发明专利、有关奖励、发表文章等获得的学分。

总之，高考是通过考查考生对所学内容的理解和运用程度选拔人才的考试。**没有对人才的具体认识，高考改革就会缺乏明确目标；没有基础教育改革，高考改革就会缺乏实质内容。**以对人才具体认识为指导，以基础教育课程改革为基础进行的高考改革模式，可以这样概括："4门文化考试＋x科技能考试"，可简称为"4＋x"考试。

2. 完善和规范自主招生。自主招生主要选拔具有学科特长和创新潜质的优秀学生。申请学生要参加全国统一高考，达到相应要求，接受报考高校的考核。

第一，根据前文所述，思想政治、历史、地理、物理、化学、生物等学科的考试，可以理解为技能考试。第二，这里所讲的自主招生实际上是"自主考试＋自主招生"，而且自主考试是针对技能素质进行的技能考试。如此一来，本方案中的这两项规定似乎是矛盾的。

其实不然。如果换一种表述方式，这一矛盾就不存在了：高校可以根据专业发展需要调整技能考试科目，如果高中选修课尚不具备所要求的技能知识（选修课），该校可举行专门考试，并根据考生的全国统一高考成绩、相关学业水平考试成绩和本校自主考试成绩，开展录取工作。

比如，某高校认为，本校招收的土木工程专业，学生除了国家规定的各门功课外，还应当加试一门"科技与设计基础"。该校就应当提前一年向社会公布这一决定，并在高考结束后的某个时间里举办该科目考试，并将其成绩与考生的其他考试成绩合并计算，进而开展录取工作。这就是所谓的高校自主招生考试。

可见，高校自主招生不是自主考试。高校自主考试是在高校认为必要的情况下对个别专业的技能知识举行考试，它是对全国统一高考的补充。

3. 改进录取方式。推行高考成绩公布后填报志愿方式。

"高考成绩公布后填报志愿方式"，能够较好地满足家长和学生基于"进入高校学习是一种权利"这一认识而形成的心理需要。须知，高考的根本性质是"选拔人才"，而非根据高考结果竞争"进入高校学习的权利"。

"兴趣是最好的老师"，这句话的实质是，兴趣是个人发展的最好动力。根据兴趣选择专业，有利于学生为社会做出更大的贡献，在未来的道路上走得更远，发展得更好。因此在程序上，应当先报志愿，后参加高考，以鼓励考生主要根据自己的兴趣选择专业。如果考生在这一方面遭遇社会压力，政府和学校负责任的做法应当是，通过加强宣传教育等办法引导社会逐步理解到，**考前填报志愿的目的是促进考生根据兴趣选择专业，使考生"在未来的道路上走得更远，发展得更好"。**所以，"高考成绩公布后填报志愿方式"的做法应当坚决纠正。

4. 加快推进高职院校分类考试。高职院校考试招生与普通高校相对分开，实行"文化素质＋职业技能"评价方式。

联系本方案其他内容不难理解，这一规定是指高职院校的招生考试实行"文化素质＋职业技能"评价方式，而普通院校的招生考试实行"文化素质"评价方式。显然，这一规定与本方案中"不分文理"的规定是矛盾的。因为这里所说的高职院校是文理分科的产物，特指理工类高职院校。这一规定实际上是指，部分理科院校的招生考试实行"文化素质＋职业技能"评价方式，而普通院校的招生考试实行"文化素质"评价方式。

文科是以社会及其相关技能为主要认识和研究对象的学科，理科是以自然及其相关技能为主要认识和研究对象的学科。文理分科在中国大陆始于 1977 年的恢复高考，但事实上这种制度源于对苏联模式的照搬。二战使苏联损失了大批知识分子，战后经济重建急需以自然及其相关技能为认识和研究对象的人才，文理分科正是适应这一需要形成的。改革开放初期，摆脱贫困同样急需以自然及其相关技能为认识和研究对象的人才，所以恢复高考时我们很自然地照搬了苏联模式。

另一方面，当时社会知识水平普遍不高，一个人通过单方面学习某一学科知识，就可以出类拔萃成长为人才。所以文理分科在当时有利于人才成长。现在的情形是，随着义务教育的普及，特别是互联网的发展，社会成员的知识水平普遍提高了。在这种情况下，一个人只有通过全面学习各类知识所包含的实践文化属性，形成一定文化素质之后，才能更好地在某一领域通过专业学习和研究，取得突出成绩成为人才。因而在今天坚持文理分科，不再有利于人才成长。所以，新方案在"改革考试科目设置"中提出"不分文理"的改革措施，有利于高考准确考查考生的文化素质和技能素质。

既然如此，就不能采取对高职院校实行"文化素质＋职业技能"的评价方式，不能采取对普通院校实行

"文化素质"评价方式的办法。再者，由前文已知，任何类型的人才都要具备文化素质和技能素质，因而都应当参加文化考试和技能考试。显然，"推进高职院校分类考试"的规定，不能准确考查考生的文化素质和技能素质，应当放弃。

综上所述，《2014高考改革方案》的主要亮点，大都集中在基础设施、组织管理和制度建设等方面。在考试内容和形式方面，由于没有人才理论创新作指导，没有相应的课程改革为基础，故需要完善。要使高考改革在内容和形式上能够更好地选拔人才，就必须创新人才理论，并以其为指导，从课程改革入手推进新一轮基础教育改革。

党和政府的工作宗旨是为人民服务。笔者坚信党和政府，一定能够从民族大义出发，从社会主义现代化建设事业出发，认真分析上述所言。若认为言之有理，就请以上述建议为参考，抓紧论证推出新一轮基础教育改革方案，作为2014高考改革方案的补充。

作者　武文虎

2014年10月23日

基本架构

教育目的与教学改革		教育的目的是促进学生成长为人才。人才的成长规律是,具有一定生活素质的自然人具备文化素质转化成为社会人,并进一步具备技能素质最终转化成为人才。可见,教育的目的是促进学生以提高生活素质为基础提高文化素质和技能素质。 教学是学校教育的基本手段,是学校教师结合教学目标、教学内容和学生实际,通过一定方式组织和启迪学生学习知识,从而实现教育目的的过程。课程设置是对教学目标和基本教学内容的规定,课堂活动是学生通过一定方式学习知识以提高素质的活动。学业考核是鉴定教育目的实现程度的基本手段。高考在客观上具有鉴定教育目的实现程度基本手段的性质,是教育改革的强大社会推动力。所以,要更好地实现教育目的,就必须进行教学改革,统筹进行课程改革、课堂改革和高考改革。
教学改革目标	课程改革目标	为实现"促进学生提高生活素质、文化素质和技能素质"的教育目的,必须清晰设置生活课(活动课)、文化课(必修课)和技能课(选修课)。课程设置是对教学目标和基本教学内容的规定,既然如此,课程改革就必然包括教学目标和教学内容两个方面。一方面,通过课程改革,要使活动课的学习目标一般以(有关生活的)技法目标为主,必修课的学习目标必然以文化目标为主;选修课的学习目标一般以(有关工作的)知识目标为主。另一方面,现代人才应当具备"文化素质全面 + 技能素质特长"特点,因而必修课的教学内容应当具有较强的科普性、思想性和现代化特点,选修课课程改革的教学内容具有较强的基础性、启发性、前瞻性特点。
	课堂改革目标	素质是知识与主体思维的有机结合体。这决定了必修课的课堂改革目标是,使教学方式主要成为学生有体验的学习方式,着重引导学生的情感世界与(现代)社会发展相适应,使必修课实现文化目标的过程,成为促进文化知识与学生思维有机结合的过程。选修课(和活动课)的课堂改革目标是,使教学方式主要成为学生发挥想象力、有感触的学习方式,着重引导学生为促进(现代)社会发展丰富和发展自己的认知世界和经验世界,使选修课(和活动课)实现知识目标和技法目标的过程,成为促进本体知识和技法知识与学生思维有机结合的过程。
	高考改革目标	高考是通过考查考生专业素质进而通过录取工作选拔人才的。任何专业素质都是由一定文化素质和技能素质构成的,而且文化考试和技能考试在主要目的等方面存在差异,决定了高考必须把文化考试和技能考试分开。由于文化课必考,而且科目繁杂,可分成哲学修养考试、数学科技考试、法学社会考试和外语会话考试4个门类;技能考试要尊重考生的选择权利,考试科目是个不确定的数目,所以新的高考模式可概括为"4 + x"。这就是高考改革目标。

目　录

引 言

　　教育的目的是促进学生成长为人才，为此教育必须遵循人才成长规律。那么人才成长规律是什么呢？具有一定生活素质的自然人只有具备一定专业素质才能成为人才。任何专业素质都是由一定文化素质和技能素质构成的。文化素质使具有一定生活素质的自然人具有适应和促进社会发展的意愿，并具有适应社会发展的能力，转化成为社会人；技能素质使社会人具有促进社会发展的能力，最终转化成为人才。这就是说，**人才的成长规律是，具有一定生活素质的自然人具备文化素质转化成为社会人，进而具备技能素质最终转化成为人才。**可用公式表示为：

（自然人×文化素质）×技能素质

＝社会人×技能素质

＝人才

素质是知识与主体思维的有机结合体。文化素质是文化知识与主体思维的有机结合体。知识素质是本体知识与主体思维的有机结合体，技法素质是技法知识与主体思维的有机结合体，技能素质是本体知识和技法知识与主体思维的有机结合体。因而以促进学生提高素质为目的的教育过程，必然是促进学生学习知识的过程，是教学过程。

所以，**教学是学校教师结合教学目标、教学内容和学生实际，通过一定方式组织和启迪学生学习知识以提高素质的过程**。课程设置是对教学目标和基本教学内容的规定。课堂活动是学生在学校教师的组织和启迪下，围绕国家制定的教学目标，通过一定方式学习知识（大都包含在国家规定的教材内容中）以提高素质的活动。学业考核是鉴定教育目的实现程度的基本手段，高考是以学业考核结果为基础选拔人才的，因而高考在客观上具有鉴定教育目的实现程度手段的性质，是教育改革的强大社会推动力。可见，**要更好地实现教育目的，就必须整体设计和实践课程改革、课堂改革和高考改革。**

以习近平为总书记的党中央担纲之初就强调指出，我国改革已经进入深水区，要做好顶层设计。从内容角度看，顶层设计就是整体设计。习总书记讲话指出：要弄清楚整体政策安排与某一具体政策的关系、系统政策链条与某一政策环节的关系、政策整体设计与政策分层对接的关系、政策统一性与政策差异性的关系、长期性政策与阶段性政策的关系。

这个讲话深刻说明：不谋全局者不足以谋一域。同时在方法论上告诉我们，只有整体设计才能在全局视野下谋得一域。**所谓整体设计，就是要立足全局进行设计，统筹理解和处理其中个性与共性、关键与整体、近期与长远、迫切与根本的关系。**这是贯穿本书的一条红线。

需要注意的是，设计目标不同于实现目标。设计目标必须同时考虑实践所包含的种种因素，特别是其中的重要因素，以便在统筹理解和处理它们关系的基础上确定目标。实现目标就不同了：实现目标要充分尊重现实，充分尊重现实与目标的关系，要有先有后，有轻有重，有缓有急，相互协调地进行。课程改革和高考改革应当联动操作，两个改革方案应当同时向社会公布，之后集中力量推进课堂改革，这才是教育改革的正确路径。

任何改革初期都必然遭遇按照习惯思维的社会的不理解、反对和抵制，教育改革也不例外。面对这种局面，正确的做法是通过新闻媒体、文化活动、家长学校等多种途径，以人民群众喜闻乐见的形式向社会广泛说明教育改革的必要性和紧迫性，以争取得到社会最快速度、最大程度地理解、赞成和支持。千万不能为了迎合社会的习惯思维，一如既往地"毁人不倦"下去——使学生在宝贵的时间段里，以不恰当的方式学习知识，甚至学习许多与自己成长和发展无关的"伪知识"。

营养学出现以前，人们的食物并非都没有营养。同理，在本设计中的观点提出以前，人们的教育实践并非完全不合目的。提出本设计的意义在于，促进人们具体理解教育目的——促进学生具备文化素质和技能素质，并以此为根据明确地、自觉地推进教育改革，促进教育实践更好地合乎教育目的。不能因为目前教育实践中已经存在着本设计提到的一些合理因素而忽视本设计的价值。

本设计的最大价值在于，它为人们厘清教育目的、教育目标和教育手段提供了新观点、新思路、新方法。本设计也存在着一些需要进一步推敲的内容，如生活课、文化课和技能课所包含的具体科目设置，在具体专业考试中技能考试科目的构成等。不能因为这些"疏漏"，就断然否定它的科学性。正确的做法是通过广泛讨论，使人们更加明确教育目的及其具体内容，更加明确教育目标和教育目的的关系，更加明确教育手段与教育目标和教育目的的关系，促进人们以更加合理的手段解决这些问题，以便在实现教育目标的过程中更好地实现教育目的。

本书内容是在拙作《现代社会主义和素质教育概论——中国梦的理论愿景和实践途径》（2013年10月由人民日报出版社出版发行，本书其他地方称该书为拙作《概论》）中的"下篇"基础上形成的。比如，素质是知识与主体思维的有机结合体，每个人的素质都包括生活素质和工作素质（即本书所言专业素质），其中工作素质又包括文化素质和技能素质。又如，知识是信息的语言载体，文化知识是实践文化属性的语言载体，本体知识是实践本体属性的语言载体，技法知识是实践技法属性的语言载体。所以在本质上，文化素质是实践文化属性与主体思维的有机结合体，知识素质是实践本体属性与主体思维的有机结合体，技法素质是实践技法属性与主体思维的有机结合体。再如，教育评价应当涵盖学生的身心健康指数、社会适应指数、学习动力指数和学业水平指数，在学业水平评价中，要注意文化考试和专业考试（即本书所谓的技能考试）的区别，文化考试可以由几次综合考试组成，技能考试一般分若干科目进行。

由于引用太多，加之在引用的过程中有所修订，本人没有在文中注明详细出处，如果您希望了解有关内容的详细说明，敬请阅读拙作《概论》的"下篇"。

由于本书提出了许多新概念、新判断、新提法，如果没有必要的注明和解释，这些就会成为您理解本书内容的"死穴"。因此，本书有一个不容忽视的内容——"注解"。

另外，本人曾发表过五篇博文《什么是现代教育》、《教育是科学与技术、文化与艺术的统一》、《要高度重视思维方向和思维动力》、《社会性及其历史演变》、

《运用市场机制促进校长教师合理流动轮岗》，这些文章
与本书有关内容是拓展、运用的关系，阅读它们有助您
理解本书的核心内容，因而以"附录"的形式列入本
书，敬请关注。

教育改革目标的整体设计

本部分是全书的核心。它以习近平总书记上述讲话精神为指导，以拙作《概论》中的"下篇"为基础，以课程改革、课堂改革、高考改革为顺序，以"教育的目的是什么，教育目的对教育实践的要求是什么，若不如此会产生哪些问题"为基本思路，谈谈对教育改革目标的整体设计。

1. 课程改革目标

教学是学校教育的基本方式。现代教学的基本依据是由国家规定的教学目标和教材内容共同构成的课程（传统教学的基本依据是办学者的基本要求和教师的知识素养）。只有完成课程改革，教育改革才会有实质性进展。所以，**教育改革起始于课程改革。**

教育的目的是促进学生成长为人才。由"引言"可知，人才的成长规律是，具有一定生活素质的自然人具备文化素质成为社会人，进而具备技能素质最终成为人才。可以具体地说，**教育的目的就是要促进学生以提高生活素质为基础，提高文化素质和技能素质。**这就要求学校设置的课程能够起到促进学生提高生活素质、文化素质和技能素质的作用。

看来**课程改革的目标，就是为促进学生提高生活素质、文化素质和技能素质，清晰设置生活课、文化课和技能课。**课程设置是对教学目标和基本教学内容的规定。明确生活课、文化课和技能课的教学目标和基本教学内容，是明确课程改革目标的应有之义。为了叙述方便，我们按照文化课、技能课、生活课的顺序，分别说明它们的教学目标。

文化课是促进学生提高文化素质的课程。文化课要促进学生提高的文化素质主要是通过学习文化知识形成的。**文化课的主要目的是促进学生提高文化素质，主要目标是促进学生掌握文化知识，着重促进学生掌握教材语言反映的实践文化属性所含信息。**〔注解1〕

比如，石灰石加热变成生石灰，生石灰加水变成熟石灰。这一教学内容的实践文化属性所含信息包括：世界是由物质构成的；各种不同的物质形态在一定条件下是可以相互转化的；有些转化结果有益于人类，人们可以创造条件促进它的生成，有些转化结果有害于人类，人们可以创造一定条件抑制它的生成；不同物质及其转化过程可以用不同语言符号及其相互关系来表示。

又如甲午战争，这一教学内容的实践文化属性所含信息包括：在现代历史背景下，为了实现本国人民的根本利益并促进世界的和平与发展，当一个国家处于弱势地位时应当怎样保护好自己，处于强势地位时应当怎样处理与他国之间的关系，认识到可能发生战争的因素及其应对措施。

技能课是促进学生提高技能素质的课程。技能课要促进学生提高的技能素质主要是通过学习技能知识形成的。**技能课的主要目的是促进学生提高技能素质，主要目标是促进学生掌握技能知识，着重促进学生掌握教材语言反映的实践技能属性所含信息。**

比如，石灰石加热变成生石灰，生石灰加水变成熟石灰。这一教学内容的实践本体属性所含信息包括：石灰石、生石灰、水、熟石灰的化学成分分别是什么，这两个化学反应的过程具体是怎样的，这些化学成分在化学学科中是如何表达的，这两个反应过程在化学学科中是怎样表达的。这一教学内容的实践技法属性所含信息包括：人们在促进这些化学反应时应注意哪些工作程序和操作方法，化学方程式应当怎样配平，为什么这样配平。

又如甲午战争，这一教学内容的实践本体属性所含信息包括：甲午战争发生的时间、地点、原因、主要人物、主要经过、结果、对当时社会产生的影响等。这一教学内容的实践技法属性所含信息包括：这场战争所包含的经济实力，国防建设，兵法运用与创新，战争方案的制定与调整等方面的信息。

生活课的主要目的也是促进学生提高技能素质。不过，与技能课的侧重点不同。技能课的技能知识往往与工作有关，而生活课的技能知识往往与生活有关，这是其一。其二，技能课的技能知识往往侧重于本体知识，而生活课的技能知识往往侧重于技法知识。可见，技能课的主要目标一般是有关工作的本体知识，生活课的主要目标一般是有关生活的技法知识。

不论学习内容怎样，实践文化属性所含信息是文化课的主要目标，实践本体属性和技法属性所含信息是技能课（和生活课）的主要目标，其他目标的实现必须服从和服务于主要目标的实现。

总之，文化课、技能课（和生活课）的主要教学目标不同。文化课的主要目标是文化目标，技能课（和生活课）的主要目标是技能目标。〔注解2〕不论什么课程，其他目标的实现都服从和服务于主要目标的实现。

我们再来分别谈谈这三门课程的基本内容。

常言道："文化知识是人的精神食粮。"〔注解3〕**人的精神世界是情感世界、认知世界和经验世界的统一。**文化知识之所以能够成为人的精神食粮，是因为学习文化知识的过程能够收到价值观教育的效果，通过改变人的价值观念，起到端正主体思维方向的作用。〔注解4〕尤为重要的是，由于文化的直接载体是情感态度、意志追求、言行习惯等，学习文化知识的过程又能够收到情感态度、意志追求、言行习惯等教育的效果，通过改变人的情感态度、意志追求、言行习惯，起到为主体思维提供强大动力的作用；由于文化的内容大都呈现为知识和经验，学习文化知识必然能够丰富人们的思维内容，改善人们的思维方法；〔注解5〕科学的学习过程还能使人们养成

良好的思维品质。〔注解6〕

为了促使文化课能够做到以文化目标为主，具有思维方向和动力、情感态度、意志追求、言行习惯、思维内容、思维方法、思维品质等的教育作用，必须大胆改革现有教材。据初步判断，中学目前选修课的教材基本上可以作为文化课教材，因此，应当把目前中学选修课的教材改为中学文化课教材（还需要按后文建议对科目做必要调整），并以此为基础结合教学经验加以修订，基本方向是增强科普性（主要是为了丰富思维内容）、思想性（主要是为了培养学科思维，丰富思维方法）和趣味性（主要是为了端正思维方向，强化思维动力，提升思维品质）。

改革后，小学和中学设置的**文化课内容应当具有较强的科普性、思想性和趣味性特点**（这些特点要求教材内容的表述，以案例为载体说明有关道理、知识和经验，不讲究理论体系的完整性和严密性）。学科具体包括：国语文化常识（通过学习现代汉语的基础知识掌握一定文化常识）、文学阅读常识、传统文化常识（通过学习古代汉语的基础知识掌握一定传统文化常识）、文明礼仪常识、外语会话常识、数学常识、哲学常识、社会常

13

识、法学常识（应当以法理、宪法和程序法为主，并对各实体法进行分类简介）、市场活动常识、大众心理常识、物理学常识、化学常识、生物学常识、自然地理常识、人类历史常识、人文地理常识等。（文化课、技能课和生活课的学科设置，均需要经过有关专家的深入研究最终确定。）

为了促使技能课能够做到以技能目标为主，必须大胆改革现有教材。据初步判断，中学目前必修课的教材基本上可以作为技能课教材，因此应当把目前必修课的教材改为技能课教材（还需要按后文建议对选修课的科目做必要调整），并以此为基础结合教学经验加以修订，基本方向是增强基础性（主要是为了帮助学生夯实专业技能的发展基础）、操作性（主要是为了培养学生实践意识和能力）和前瞻性（主要是为了帮助学生了解本专业技能的发展方向，启迪学生创新专业技能）。

改革后，中学设置的**技能课应当具有较强的基础性、操作性、前瞻性特点，**包括阅读写作基础、古汉语基础、数学原理基础、物理数学基础、生化数学基础、统计数学基础、外语翻译基础、机械物理基础、电磁物理基础、光学物理基础、原子物理基础、天体物理基础、分析化学基础、结构化学基础、生态学基础、植物学基础、动物学基础、微生物学基础、法学基础、经济学基础、政治学基础、哲学原理基础、自然哲学基础、社会哲学基础、精神哲学基础、社会文化史基础、科学技术史基础、人文地理基础、自然地理基础、计算机基础、艺术与设计基础、科技与设计基础等学科。

应当明确的是：

（1）技能素质的培养不仅需要主体具有浓厚兴趣，而且需要较长时间的技能知识积累，因而从初中开始就应当开设技能课，并逐步增加技能课的学习时间。但是，不能为增加技能课的学习时间而盲目减少文化课和生活课的时间。生活课、文化课和技能课在学习时间上的百分比，小学应当是40∶60∶0左右，初中应当是30∶50∶20左右，高中应当是20∶40∶40左右，大学应当是10∶30∶60左右。〔注解7〕

（2）在社会分工条件下，人才都是通过一定领域里的专门工作来促进社会发展的，因而人才必备的文化素质和技能素质又被称为专业素质。文化素质的作用主要是促进人才适应社会，全面了解社会要求人才全面掌握文化知识（其实，全面掌握文化知识还能为人才在更加广泛的范围内整合人类精神财富，丰富自己的精神世界，为其在更加广泛的基础上创新文化与技能创造条件），所以文化课的内容在总体上应具有全面性。技能素质的作用主要是促进人才在特定领域里促进社会发展，深入了解特定领域工作的对象、手段、条件、环境等，要求人才专门掌握特定的技能知识，所以每门技能课的内容应具有专业性。须知，**"全面＋特长"人才是指作为人才，其素质必然具有"文化素质全面＋技能素质特长"的特点。**

一般说来，生活素质包括身体素质、生活习惯和生活技能三个方面。

一般说来，只要有充足的时间自由活动，青少年的身体素质可以自发提高。因而促进学生身体健康，首先是尽量增加学生的自由活动时间。应当恢复20世纪90年代以前，每天上午至少20分钟的课间操时间和每天下午至少2小时的校园自由活动时间。〔注解8〕学生的自由活动包括，自主料理生活（包括整理教室卫生、校园卫生、寝室卫生和个人卫生，会友，进餐等）、聆听讲座、课外阅读、（趣味）知识竞赛、专题研究、专题实验、兴趣制作、自由参加各种体育活动、社团活动、沙龙活动、比赛活动、联谊活动等。

生活习惯是影响生活素质的重要因素。养成良好的生活习惯的关键是日常管理，要注意在日常管理中培养良好情趣并长期坚持，只有这样才能实现促进学生养成良好生活习惯的目的。

生活中也需要一些基本技能和知识，如篮球运动、乒乓球运动等体育活动技能，生理卫生、艺术欣赏、微机操作等知识和技能，沟通、育儿、理财、护理、急救、避险、育婴、家教、发声、演讲、漫画、裁剪、园艺等生活窍门，为此必须设置生活技能课。需要注意的是，**生活技能课的教学内容应当具有科普性、感触性和操作性特点。**

以促进学生提高生活素质为目的的生活课，广义地看包括自由活动、日常管理、生活技能课；狭义地看仅仅指生活技能课，包括体育活动、生理卫生、艺术欣赏、微机操作、生活窍门等学科。

总之，文化课、技能课和生活课在基本教学内容上具有不同特点，文化课更强调科普性、思想性和趣味性，技能课更强调基础性、操作性、前瞻性，生活课更强调科普性、感触性和操作性。

　　具备社会素质成为社会人不仅仅是人才的需要，它是所有自然人的需要，因为社会性是人的本质属性（关于人的社会性及其历史演变，详见附录4：《社会性及其历史演变》）。因而每个学生都需要学习文化知识具备文化素质，这就是说，每个学生必须学习的课程应当是文化课。

　　一个人要成为能够促进社会发展的人才，还必须学习技能知识具备技能素质。一个人的精力是有限的，不可能掌握所有技能。一个人能够掌握的技能，取决于他的价值观念、兴趣爱好、智力结构、利益诉求、可运用的社会资源和物质条件等个性因素。所以，以促进学生提高技能素质为目的技能课，应当是满足学生个性选择的选修课。

　　在现代社会里，每个人未必需要全面掌握生活技能，这是由生活服务社会化决定的。因此在学校里学习沟通、育儿、理财等生活技能，主要是引发学生对生活技能的兴趣。从这个角度看，生活课属于文化课，但从主要教学目标角度看，生活课又属于技能课。所以，生活课是有别于文化课和技能课的一种特殊课程。由于生活技能的教育方法不是以理论方式说明其道理和要求，而是在典型案例启示下的操作或演练活动，所以从教学方式角度讲，我们把生活课又叫作活动课。

总之，**从管理角度看，文化课、技能课和生活课分别就是必修课、选修课和活动课。**

在学校教育中，如果没有生活课，就会造成学生生活素质低下的问题，表现为学生健康水平下降，缺乏良好习惯，缺乏必要的生活技能；如果必修课不能明确以文化目标为主要目标，就会把必修课上成技能课，这对于大多数学生来说，必然造成必修课教学"内容无益、过程无趣、课业无度"等严重问题，同时大量挤占教学时间和教学资源，致使学校无法开设足够的选修课。如果没有足够的选修课促进学生在技能方面实现个性发展，学校教育所造就的"人才"，必然兼具"学非所用"和"千人一面"两大严重缺陷。[注解9]

课堂活动是促进学生提高素质的主要途径，但不是唯一途径。学校除了开设生活课、文化课和技能课外，还可安排一定时间，举办具有专题性质的大型活动，比如社会调查研究、科研动态研究、社会实践、顶岗实习等，让学生更多地了解社会发展动态、科技发展动态和科学研究动态。

2. 课堂改革目标

课堂活动是学生在学校教师的组织和启迪下，围绕国家制定的教学目标，通过一定方式学习知识（大都包含在国家规定的教材内容中）**以提高素质的活动。**"教学有法，教无定法"。教学有法的"法"是什么？从某种意义上说，教学有法的"法"是指基本教学方式。以下主要是在这个意义上探讨课堂改革目标的。

活动课的主要问题是开设不足。一旦开设，大都能够以学习有关生活的技法知识为主要课堂目标，以活动方式进行，不会有大的偏差，故本部分只是针对必修课和选修课的课堂改革目标进行论述。

促进学生以提高生活素质为基础提高文化素质和技能素质，是教育的目的。**素质是知识与主体思维的有机结合体。**课堂活动就是实现知识与主体思维的有机结合过程。随着课堂改革的进行，知识能够越来越好地与主体思维实现有机结合，这样，促进学生提高素质的教育目的就能够越来越好地实现。所以，**教育改革成行于课堂改革。**

课堂活动是实现知识与主体思维有机结合的过程，是改造学生精神世界的过程，因而是一个实践过程。这里需要注意三点：第一，同其他实践过程一样，课堂活动也有其文化属性、本体属性和技法属性。第二，**思维是大脑对信息的处理过程。一个人学习知识必须全面激活其思维，包括注意、试探、体验、识别、表达、试用、记忆等七项。**在一个人的思维构成中，有与生俱来的先天思维，也有在学习知识过程中开发而成的后天思维。后天思维的开发与学习的内容有关，更与学习的方式有关。第三，课堂活动的文化属性、本体属性和技法属性以及不同思维，在不同知识的学习过程中所起作用的大小不同。

只有通过有体验的学习过程，引导主体的情感世界与（现代）社会发展需要相适应，其他思维才能与体验思维积极配合，教材语言反映的实践文化属性所含信息才能转化成为主体的价值观念，转化成为主体的情感态度、意志追求、言行习惯，转化成为主体的文化素质，这就是文化素质形成规律。

可见，要使所学实践文化属性所含信息与学生思维做到有机结合，使必修课的课堂活动能够实现促进学生提高文化素质的目的，就必须高度关注课堂活动的文化属性，让学生着重运用体验思维，通过有体验的学习过程，处理教材语言反映的实践本体属性和技法属性所含信息，并着重运用体验思维进一步把握其中包含的实践文化属性，使之转化成为学生的思维方向、思维内容和思维方法，转化成为学生的情感态度、意志追求、言行习惯，引导学生的情感世界与（现代）社会发展需要相适应。〔注解10〕

比如，《拿来主义》课文中有这样一段文字："这种奖赏，不要误解为'抛来'的东西，这是'抛给'的，说得冠冕些，可以称之为'送来'，我在这里不想举出实例。"在文化课上讲到这一内容时，教师首先要引导学生发挥想象力，理解"抛来"与"抛给"的含义，从中体验接受"抛给"东西时的尴尬境地和屈辱心情，体验"说得冠冕些，可以称之为'送来'，我在这里不想举出实例"这句话透露出的不得不自我慰藉的极度心酸情绪。教师绝不能在这时把课堂气氛搞得十分欢快，好像是在说与自己无关的事。在学生有适当心理体验之后，教师要进一步激发学生为振兴中华而学习的学习动力。

必修课也要注意课堂活动的本体属性，使教材语言反映的实践文化属性所含信息能够以更加适合学生思维特点的方式呈现给学生，还要注意课堂活动的技法属性，使学生能够运用科学方法掌握教材语言反映的实践文化属性所含信息。只有这样，必修课课堂活动才能成为教材语言反映的实践文化属性所含信息与学生思维的有机结合过程，才能起到促进学生形成正确的价值观、情感态度、意志追求、言行习惯的作用，真正收到促进学生提高文化素质的效果。

只有通过发挥想象力、有感触的学习过程，引导主体为促进（现代）社会发展丰富和发展自己的认识世界和经验世界，其他思维才能与识别思维和试用思维积极配合，教材语言反映的实践本体属性和技法属性所含信息才能转化成为主体主观判断和实际行动的内容，转化成为主体的技能素质。这就是技能素质形成规律。

可见，要使所学实践本体属性和技法属性所含信息与学生思维做到有机结合，使选修课的课堂活动能够实现促进学生提高技能素质的目的，就必须高度关注课堂活动的本体属性和技法属性。让学生着重运用识别思维和试用思维，通过能够发挥想象力、有感触的学习过程，引导学生为促进（现代）社会发展丰富和发展自己的认知世界和经验世界，处理教材语言反映的实践本体属性和技法属性所含信息，使之成为学生主观判断的基础和实际行动的内容。比如，上文提到的《拿来主义》课文中的那一段话，如果放在选修课上学习，就要通过创设情境（让一位学生带着不屑的神情，把某物抛出；让另一位同学带着不屑的神情，把某物抛给某同学。之后，教师引导学生发挥生活经验的作用，请收到所抛之物的两个同学讲述此刻的心情，使之准确理解"抛来"和"抛给"的含义，以便学生在将来能够准确运用它们。

选修课也要注意到课堂活动的文化属性，使学生能够在美感体验中努力掌握教材语言反映的实践本体属性和技法属性所含信息。只有这样，选修课课堂活动才能成为教材语言反映的实践本体属性和技法属性与学生思维的有机结合过程，才能真正收到促进学生提高技能素质的效果。

由以上论述可以看出，**三维目标不仅是由《课程标准》从文化、知识、技法三个维度制定的课堂目标，而且是由教师从文化、知识、技法三个维度实现的课堂目标。**

首先，课堂活动是贯彻国家教育方针的实践过程，其目标应当由国家有关部门制定，若不能基本实现国家制定的教学目标，教师即有失职之虞。其次，课程标准设计、教师备课活动、课堂教学活动、课堂活动评价等都要注意：第一，**不论实现文化目标还是实现技能目标，都要从文化、知识、技法三个维度设计课堂活动。这三个方面可以有主次，但是不可存偏废。**由"注解1"（第45—47页）可知，"实践有三维属性"是提出三维目标的客观依据，由于三维目标理论的提出者，没有认识到"实践有三维属性"，也就不可能认识到"课堂活动是三维实践"，不可能要求一线教师"从文化、知识、技法三个维度实现课堂目标"，而这也是三维目标理论的又一重要缺陷。第二，必修课的主要目标是文化目标，选修课的主要目标是知识目标和技法目标。因而**在必修课上，知识目标和技法目标的实现要服从和服务于文化目标的实现；在选修课上，文化目标的实现要服从和服务于知识目标和技法目标的实现。**三维目标的提出者没有认识到这一点，致使以三维目标理论为指导的课堂活动，几乎都把知识目标作为主要目标，不能使文化课真正成为文化课。

课程改革和高考改革的主体很明显是国家，具体体现为教育行政部门，因而只要方向问题解决了，就会形成正确的改革实践。课堂改革却不同，课堂改革的方向确定以后，还需要进一步解决课堂改革的主体问题。

众所周知，**教师是课堂活动的主导，因而课堂改革的主体是教师**。有这样一个事实必须明确：教师行为不是纯粹的个人行为，它不仅受制于课程标准要求、教材内容安排、考试大纲规定、学生实际情况，而且受制于学业考核、课堂评价、自身课改动力、自身课改能力等。所以，要搞好课堂改革，必须首先完成课程改革和高考改革，之后还必须改革学业考核、课堂评价、学校管理、教师管理、师范教育等，为教师进行课堂改革提供动力、创造条件。

学业考核是鉴定教育目的实现程度的基本手段。学业考核应当采用学分制。中学生的毕业成绩取决于必修课、选修课和活动课的学分是否达到学校规定的毕业要求。比如某学校规定，有两门必修课的学分没有达到结业要求，或者选修课的总学分没有达到毕业要求者，该生就不能毕业，只能肄业。

选修课的学分应当包括成绩学分和应用创新学分，成绩学分的权重应占100%，应用创新学分的权重应占20%。〔注解11〕**必修课的学分应当包括过程学分和成绩学分，过程学分的权重应占50%，成绩学分的权重应占50%。**应用创新学分主要是通过发明专利、有关奖励、发表文章等获得的学分（按照等级取最高一项作为应用创新学分，具体情况应在学生档案中载明）。成绩学分是指期中考试成绩和期末考试成绩。过程学分是由出勤考核（约占70%）、课堂参与程度（约占30%）等方面考核形成的。〔注解12〕

改革课堂评价必须明确，**必修课的课堂改革目标是，使教学方式主要成为学生有体验的学习方式，着重引导学生的情感世界与（现代）社会发展相适应**，使必修课实现文化目标的过程，成为促进文化知识与学生思维有机结合的过程。**选修课的课堂改革目标是，使教学方式主要成为学生发挥想象力、有感触的学习方式，着重引导学生为促进（现代）社会发展丰富和发展自己的认知世界和经验世界**，使选修课（和活动课）实现知识目标和技法目标的过程，成为促进本体知识和技法知识与学生思维有机结合的过程。（附录2:《教育是科学与技术、文化与艺术的统一》对此另有说明，敬请关注。）

误把知识的形式（教材语言）当作课堂目标，脱离教学目的制定和实现课堂目标（须知，**目标是人们为实现目的根据手段和条件形成的标志性预期效果。目的是目标的灵魂**），不分主次地制定和实现课堂目标，不能从

27

文化、知识和技法三个维度围绕教育目的实现课堂目标，是我们目前课堂活动及其评价中经常犯的四个致命错误。在必修课上，还存在一个严重问题，就是误把"必修课教材语言反映的实践本体属性和技法属性所含信息当作主要课堂目标"。这些问题，需要在课程标准设计、教师备课活动、课堂活动、课堂教学评价、考试大纲要求等各个教育环节中努力解决，不可大意！

众所周知，文化教育不是必修课能够一力完成的事情，环境影响在文化教育中有着非常重要的作用。因而在社会转型时期，应当以突显现代文化因素为方向改革学校管理，为实现现代文化教育目的创造直接教育环境。

（1）对学校管理体制进行社会主义公司制改造。这不仅有利于解决发展教育所需资金问题，而且有利于实现学校管理去行政化，有利于营造团队主义文化氛围，为学校进行团队主义文化教育创造直接的教育环境。[注解13]

（2）借助学生的情感活动（如入学仪式、颁奖仪式、大型活动的开闭幕仪式等）进行团队主义等文化教育。在课堂上进行团队主义文化教育，一定要通过特定情境（如地理课、语文课上运用视频、图片等介绍祖国的美丽风景，历史课、语文课上介绍祖国的灿烂文化，政治课、语文课上入情入理地介绍和分析社会制度和社会生态，等等）激发学生情感。只有这样，才能收到文化教育的良好效果。

（3）学生是学习主体，因而课堂活动要给每个学生学习的机会，使每个学生在课堂上都有机会表现自己的学习能力，借以增强美感，收到愉快学习的效果；使每个学生在课堂上都有机会暴露自己的文化偏狭、知识差错等问题，及时得到指正，收到学习知识同时培养正确价值观的效果。这就必然要求"小化班级规模"。参照发达国家经验，各学段的班容量大体上应当是，小学每班15人左右，初中每班25人左右，高中每班35人左右，大学每班45人左右。

（4）教育教学经验告诉我们，一般说来，在规模较大的学校里毕业的学生，气度和雅量要好于在规模较小的学校里毕业的学生。学校规模较大，更有利于整合使用教学设施和资源，提高它们的利用率，所以应适当"大化学校规模"。

（5）上好必修课，开足选修课和活动课，是对每一所学校的基本要求。须知，开足选修课和活动课是相对于本校学生的个性技能需要来说的，因此，开足选修课和活动课的要求非但不会妨碍教育教学，相反会鼓励学校在技能教育和生活教育内容上各具特色。**特色学校是指技能教育和生活教育的内容（和方式）具有特色**，不是指文化教育方式具有特色，更不是指文化教育内容具有特色。应当鼓励学校充分利用自己及其可用社会资源和物质条件，努力创造和保持本校特色。

多少年来，我们一直希望学校办出特色，结果总是不能尽如人意。其中的根本原因是，在现有课标要求和高考大纲引导下，大家都把必修课上成了技能课，致使必修课的容量和难度大大增加，占用了绝大部分教学时间，即使有学校开设了不少选修课，也都是必修课的补充和拓展。看来，**我们把必修课上成文化课，把选修课上成技能课，把活动课上成生活课，并上好必修课，开足选修课和活动课。这是办好特色学校的重要前提。**

在此基础上，改革高中招生考试（中考），就能稳定推进特色高中的诞生。中考模式可以比照高考模式进行，只是必须强调：中考的录取成绩只能计入文化成绩（应当杜绝任何形式的初中招生考试即"小考"。初中招生应坚持划片招生，就近入学的原则）。这样做，既有利于突出文化教育在初中学段的重要地位，满足"成才先成人"的人才成长规律要求，也有利于促进教育公平，遏制在人才培养方面急功近利的教育现象。

毕竟教师是课堂改革的主体，因而课堂改革必须提高教师素质。**教师素质包括工作动力、教学艺术和知识素养三个方面**。其中，最重要的是工作动力。强化工作动力，是管理工作需要完成的任务。

管理的实质是使员工明确工作目标，强化工作动力。而员工拥有强劲工作动力的基础是，自身的需要尤其是自己最重要的需要得到了最大限度的满足。**获得赞美（俗称好面子）是教师最重要的需要**，因而改善教师管理应当从满足教师美感需要入手。应当尽快抛弃"成绩不说跑不了，问题不说不得了"的课堂评价理念，建立**"问题不说大不了，美感没了不得了"**新型课堂评价理念，把以往的评课（或议课）环节转变成"学课"，即在听完献课老师介绍自己的课堂设计之后，每个听课老师只需要结合自己的教学情况，说明自己通过听课学到什么即可。这样能够极大增强献课教师的美感，增强其完善自己教学工作的动力。

在一个地方待久了，不仅自己会对周围的人、事、物产生审美疲劳（这就是学者口中的"职业倦怠"），而且周围的人也会对自己产生审美疲劳（这就是"外来的和尚会念经"的原因所在）。这说明，满足教师美感需要的另一个基本方法，就是鼓励教师相对流动并为之创造便利条件。（具体措施详见附录5：《运用市场机制促进校长教师合理流动轮岗》。）

在教师的工作动力问题解决以后，通过培训提高教师的教学艺术，就成了课堂改革必须面对的问题了。**教学艺术的实质是满足学生的学习需要**。一般说来，学生的学习需要包括实践需要、美感需要和志向需要。其中最主要的是美感需要，因而**提高教学艺术就是要提高课堂活动的美感，打造美感课堂**。打造美感课堂的根本原则和方法是：激活思维、温故知新和意义建构。

教师知识素养的重要来源首先是师范教育。改革师范教育专业的课程设置，应增加具有故事性、思想性的学科史（比如物理教育专业的学生，应当学习具有故事性、思想性的物理学史），应创新与核心学科相匹配的基础课程（比如物理学教育专业学生所学数学、文学等课程，应当与物理学相匹配）。职业培训也是教师知识素养的来源之一，不容忽视。

总之，课堂改革的主体是教师，而教师的课堂行为不是纯粹的个人行为，要促进教师把必修课上成文化课，把选修课上成技能课，就必须改革课程和高考，改革学业考核、课堂评价、学校管理、教师管理、师范教育等，为教师进行课堂改革提供动力、创造条件。

如果不能创造条件促进教师把必修课上成文化课，"内容无益、过程无趣、课业无度"的教育顽疾就无法根除，促进学生具备创新精神并提高实践能力就会成为一个难以实现的目标，整个民族喜欢读书、尊重知识的期盼就不可能成为基本现实。

3. 高考改革目标

由"引言"可知，促进学生具备包括文化素质和技能素质在内的专业素质从而成长为人才，是教育的目的。包括高考在内的学业考核是鉴定教育目的实现程度的基本手段，是教学改革的强大社会推动力。所以，（全面而深刻的）**教育改革发力于高考改革**。

高考是通过考查考生对所学内容的理解和运用程度选拔人才的考试。没有对人才的具体认识，高考改革就会缺乏明确目标；没有基础教育改革，高考改革就会缺乏实质内容。下面将联系人才成长规律和基础教育课程改革的内容，按照十八届三中全会"探索招生和考试相对分离"、"推行初高中学业水平考试和综合素质评价"的思路,谈谈笔者自己对高考改革的看法。

继续深造(和完成工作)需要人才应具备什么素质,我们就考查什么素质,即**"用什么考什么"是选拔人才的招生考试(和招聘考试)的基本原则**。应当立法禁止包括小学和初中在内的义务教育学校举办任何形式的招生考试活动,所以这里的招生考试仅仅包括高校招生考试和高中招生考试。毋庸置疑,任何类型的人才都是以其专业素质继续深造和从事工作的。任何专业素质都是由文化素质和技能素质构成的,因而招生考试(和招聘考试)应当包括文化素质和技能素质两个方面。

既然具备文化素质就能够使人"具有适应和促进社会发展的意愿,具有适应社会发展的能力",具备技能素质就能够使人"具有促进社会发展的能力"(有关内容参见"引言"第1页),那么,**考查文化素质的主要目的,就是要了解考生适应和促进社会发展的意愿,适应社会发展的能力;考查技能素质的主要目的,就是要了解考生促进社会发展的能力。**

考生是否具有"适应和促进社会发展的意愿,适应社会发展的能力",取决于他的情感世界、认知世界和经验世界是否与社会发展的需要相一致。可见文化考试的内容应当涵盖人的情感、认知和经验三个方面，具有全面性和综合性特点。一个人的文化素质总是体现为一定情感态度、意志追求、言行习惯，这决定了文化考试应当与学习过程高度相关，具有过程性特点。

一个人只能在某个领域（甚至在某件事上）通过创新工作和活动促进社会发展，即一个人的技能素质具有很强的个性特点，是个人根据自己的价值观念、兴趣爱好、智力结构、利益诉求、可运用的社会资源和物质条件等个性因素选择的结果。可见，技能考试应当具有专业性和选择性特点。一个人的技能素质总是体现为"最终"运用水平，这决定了技能考试应当具有操作性特点。

文化考试和技能考试的主要目的不同，应当具备的特点也不同，这决定了文化考试和技能考试只能分开进行，实行"文化考试＋技能考试"模式。

（1）目前的文综考试和理综考试，已经初步具备全面性和综合性特点。《2014高考改革方案》中要求把相关科目的学业水平考试成绩计入高考成绩，又使得文综考试和理综考试初步体现出过程性特点。因而我们可以把文综考试和理综考试看作文化考试。但是，目前的文综考试和理综考试都没有从情感、认知、经验等角度考查考生是否具有"适应和促进社会发展的意愿，适应社会发展的能力"，因而没能切实实现文化考试的主要目的。所以从目标角度看，文综考试和理综考试还不是真正意义上的文化考试。

要举行真正意义上的文化考试，使其主要内容能够从情感、认知、经验等角度考查考生是否具有"适应和促进社会发展的意愿，适应社会发展的能力"，就必须在基础教育阶段进行新一轮课程改革。按照本人在"课程改革目标"中提出的设想，新一轮课程改革完成后，高中必修课科目的数量就接近20门，显然，每一门文化课学科独立参加高考，势必加大高考的组织难度，也不利于引导学生形成综合运用文化知识的意识和能力。

所以文化考试应分为四个门类进行：哲学修养考试、数学科技考试、法学社会考试和外语会话考试。其中，哲学修养考试的内容以哲学常识、国语文化常识、文学阅读常识、传统文化常识、文明礼仪常识、大众心理常识等学科的内容为基础；数学科技考试的内容以数学常识、物理学常识、化学常识、生物学常识、自然地理常识等学科的内容为基础；法学社会考试的内容以法律制度常识、人类历史常识、人文地理常识、市场活动常识等学科的内容为基础；外语会话考试的内容以外语会话常识为基础。〔注解14〕

需要注意的是，哲学修养考试、数学科技考试、法学社会考试是综合考试。综合性试卷应当尽快实现由现有的"拼盘式"向所追求的"烩菜式"转变。只有这样的考试，才能切实了解考生是否全面了解和理解社会发展，是否具有"适应和促进社会发展的意愿"，是否具备"适应社会发展的能力"。

文化的本质是价值观。价值观是社会生活的反映，社会生活十分复杂，决定了不同个人的价值观千差万别。社会主义中国是民主国家，允许公民在不违背宪法规定的前提下表达自己的看法，所以文化考试中主观试题的答案不宜坚持"采点给分"的方法。更重要的是，主观题目应当更具实践性和开放性，把社会主义现代化建设中遇到的实际问题编制成题目，就像古代考试中的"策问"与"对策"那样，让考生以"促进精神文明、经济发展、社会进步"为方向，在宪法框架内提出解决问题的办法。〔注解15〕

比如，在数学科技考试中应当有类似的题目：2000

年，中国的GDP总量是11928亿美元，美国的GDP总量是97648亿美元。2001年至2010年十年间，中国GDP的平均增长速度是9.39%，美国GDP的平均增长速度是0.695%，假设此后若干年中、美两国仍以这样的速度发展，请运用数学知识分析大约还需要多少年，中国GDP总量就能赶超美国？你打算通过何种职业活动以怎样的成绩为我国的这一发展增砖添瓦？该材料如果出现在法学社会考试题目中，可以设计这样一个问题：GDP被社会诟病不断，你认为问题出在哪儿？你能为解决GDP问题提几条建设性意见吗？该材料如果出现在哲学修养考试题目中，可以设计这样一些问题：你认为中国这十年的经济发展速度主要取决于哪些因素，请举出三个最重要的因素，并具体说明它们在经济发展中所起的作用。你从中体会到了怎样的哲学道理，并举例说明这些哲学道理对你的工作或生活有怎样的指导意义。

四门文化课程的重要性不同，我们可以通过区分它们的考试时间和满分成绩来体现这一点。比如，我们规定：哲学修养考试时间为3小时，满分为180分；法学社会考试时间为2.5小时，满分为150分；数学科技考试时间为2小时，满分为120分；外语考试时间为2小时，满分为100分。

（2）目前的语文、数学、外语考试已经具备了操作性特点。因而我们可以把这些学科的考试看作技能考试。一个人对专业领域的技能发展缺乏熟练掌握、切实应用和独到体会，就不可能切实具有"促进社会发展的能力"。目前的语文、数学、外语考试虽然在一定程度上，已经做到了考查考生对专业发展的"熟练掌握"，也初步做到了考查考生对专业发展成果的"切实应用"，但是，没有考查考生对专业发展的"独到体会"，另外还存在着专业性较弱（综合性过强），不具备选择性的问题。所以从目标角度上看，语文、数学、外语考试还不是真正意义上的技能考试。

上述问题只有通过基础教育的新一轮改革才能完成。之后，具体考试科目按照考生报考专业的要求，在下列科目中确定：阅读写作基础、古汉语基础、数学原理基础、物理数学基础、生化数学基础、统计数学基础、外语翻译基础、机械物理基础、电磁物理基础、光学物理基础、原子物理基础、天体物理基础、分析化学基础、结构化学基础、生态学基础、植物学基础、动物学基础、微生物学基础、法学基础、经济学基础、政治学基础、哲学原理基础、自然哲学基础、社会哲学基础、精神哲学基础、社会文化史基础、科学技术史基础、人文地理基础、自然地理基础、计算机基础、艺术与设计基础、科技与设计基础等。

不同专业的技能知识不同，因而不同专业的技能考试科目及其数量可能是不同的。比如，经济学专业的技能考试科目有三科，包括统计数学基础、经济学基础和哲学基础；桥梁工程专业的技能考试有两科，包括物理数学基础和机械物理基础；政治教育专业的技能考试有四科，政治学基础、经济学基础、历史学基础、哲学基础；中国历史专业的技能考试有三科，包括社会哲学基础、社会文化史基础、古汉语基础。〔注解16〕

只有在基础教育新一轮课程改革基础上改革技能考试，才能全面考查考生对专业发展的熟练掌握、切实应用和独到体会，真正实现技能考试的主要目的，切实考查考生促进社会发展的能力。

在分工十分发达的社会里，专业种类必然繁杂，这反映到高等学校里就是专业门类繁多。显然，中学选修课不可能"对口性地"满足大学深造的专业需要，因而有必要对大学专业进行归类，使大学专业与中学选修课的学科之间形成一定对应关系，为相对简化中学选修课的开设和技能考试的科目创造条件。比如，桥梁工程专业和土木工程专业的高考科目，都是考查物理数学基础和机械物理基础。

（3）不论何种类型的人才都要参加文化考试和技能考试，以其综合成绩获得不同等级的高校录取资格。一个考生的综合成绩是由以下公式计算所得的高考成绩：

4 门文化成绩 + x 科技能成绩

根据学生专业成长对知识构成的需要，"把文化考试和技能考试分开"，明确从文化素质和技能素质两个方面选拔各类各级人才，并合理确定必考科目和选考科目。这就是"4 + x"考试模式，即"4门文化考试 + x科技能考试"。〔注解17〕这一考试模式，不仅有利于更好地选拔人才，而且有利于促进教育的改善。

（4）"兴趣是最好的老师"，这句话的实质是，**兴趣是个人发展的最好动力**。根据兴趣选择的专业，能够帮助学生为社会做出更大的贡献，在未来的道路上走得更远，发展得更好。因此在程序上，应当先报志愿，后参加高考，以鼓励考生主要根据自己的兴趣选择专业。如果考生在这一方面遭遇社会压力，负责任的政府和学校应当通过加强宣传教育等办法，引导社会逐步理解"考前填报志愿的目的是促进考生根据兴趣选择专业"，使考生"在未来的道路上走得更远，发展得更好"，切不可跌入"媚俗"泥潭。

（5）与社会科学、人文科学密切相关的专业，在拥有一定经历和经验后，学习知识的效果会更好，所以这些相关专业的考生可以根据自身条件和需要，在规定的时间范围内（如3年）使用录取成绩。比如，2014年被录取的考生，最晚于规定入学时间的30天前以书面协议的形式，请求在2014年、2015年或2016年就读于被录取的大学。高校应最晚于当年新生入校的前20天书面回复考生请求，考生可持"回复"于约定时间到该校就读，双方不得违约。若高校失信于考生，考生可依法向其上级主管部门申请行政仲裁，或向法院提起诉讼。若有考生失信于高校，高校可立即将其公布于失信考生黑名单，由国家专门机构取消其3年的高校录取资格。与自然科学密切相关的专业，考生拥有并保持较好的知识基础，学习效果会更好，所以，这些专业的考生应在当年就读于被录取的大学。尽管在制度设计上，高校要赋予他们与其他考生一样的弹性入学的选择权利，但我们提倡当年入学。

总之，**高考是通过考查考生专业素质进而通过录取工作选拔人才的。任何专业素质都是由一定文化素质和技能素质构成的，而且文化考试和技能考试在主要目的等方面存在差异，决定了高考必须把文化考试和技能考试分开。由于文化课必考，而且科目繁杂，可分为哲学修养考试、数学科技考试、法学社会考试和外语会话考试4个门类；技能考试要尊重考生的选择权利，考试科目是个不确定的数目，所以新的高考模式可概括为"4+x"。这就是高考改革目标。**

综上所述，不谋全局者不足以谋一域。只有具体认识人才成长规律，才能深刻理解**教育的本质是促进学生通过掌握实践文化属性所含信息从而提高文化素质成为社会人，并以此为基础通过掌握实践本体属性和技法属性所含信息从而提高技能素质，最终培养出各类各级人才。**只有统筹理解课程目标、课堂目标、高考目标与教育目的之间的关系（个性与共性关系），只有按照教育目的要求，统筹处理课程改革、课堂改革、高考改革之间的关系（整体与部分关系），才能顺利实现我国教育现代化，使教育能够切实担当为社会主义现代化建设培养、甄别、选拔人才的重任。

注　解

　　本书有许多新概念、新判断和新提法。没有必要的注解，这些新概念、新判断和新提法就会成为您理解本书内容的"死穴"。阅读这一部分将有助于您更加准确、深入地理解本书核心内容。

　　注解1. 文化课的教学目标为什么要这样表达呢？这要从知识的本质谈起。

　　人们要明明白白地从事某种实践活动，就要反复弄清楚三个问题：为什么？怎么样？怎么办？回答"为什么"实际上是要明确实践过程及其结果对于社会及其成员的根本利害关系，从而明确实践主体以此为基础形成的价值观念，明确实践主体以价值观念为灵魂的情感态度、意志追求、言行习惯等。价值观是文化的灵魂，因此回答"为什么"就是要明确实践的文化属性。回答"怎么样"实际上是要明确实践所涉及的因素及其联系机制和变动规律，即明确实践的本体属性。回答"怎么办"实际上是要明确实践过程所涉及的技术、方法、策略等，即明确实践的技法属性。可见，**任何实践都是三维实践，都是实践的文化属性、本体属性和技法属性的统一**。其中，实践的本体属性和技法属性可统称为实践的技能属性。

实践的文化属性、本体属性和技法属性所含信息以语言形式表现出来，就形成了文化知识、本体知识和技法知识。这说明，知识的基础是实践，形式是语言，本质是信息。可以这样理解，**文化知识是实践文化属性所含信息的语言载体，技能知识是实践技能属性所含信息的语言载体**（不言而喻，本体知识是实践本体属性所含信息的语言载体，技法知识是实践技法属性所含信息的语言载体）。

在学校教学中，作为知识基本形式的语言是教材语言，因而学习文化知识实际上是掌握教材语言反映的实践文化属性所含信息。

综上所述，文化课的主要目标是文化知识，其实质是教材语言反映的实践文化属性所含信息。这就是文化课教学目标如此表达的原因。

同理，技能课的主要目标是促进学生掌握有关工作的技能知识，着重促进学生掌握教材语言反映的实践本体属性（和技法属性）所含信息。生活课的主要目标是促进学生掌握有关生活的技能知识，着重促进学生掌握教材语言反映的实践技法属性（和本体属性）所含信息。

注解2. **以文化知识为内容的教学目标就是文化目标，以本体知识为内容的教学目标就是知识目标，以技法知识为内容的教学目标就是技法目标**（以本体知识和技法知识为内容的教学目标就是技能目标）。

不难理解，文化目标就是"情感态度价值观目标"。知识目标就是"知识与技能目标"中的知识目标部分，技法目标就是"知识与技能目标"中的技能目标部分和"过程与方法目标"中的方法目标部分。可见，"三维目标"理论是有其客观依据的，基本上是科学的。

最重要的问题是，什么是文化？由"注解1"可知，实践文化属性所含信息主要包括，实践过程及其结果对于社会及其成员的根本利害关系，实践主体以此为基础形成的价值观念，实践主体以价值观念为灵魂的情感态度、意志追求、言行习惯等。

这说明：**价值观是文化的灵魂，情感态度、意志追求、言行习惯等是价值观的直接表现形式，是文化的直接载体，实践过程及其结果对于社会及其成员的根本利害关系是价值观的客观基础，是文化的客观基础**。人们常常把反映情感态度、意志追求、言行习惯等的**以语言为内容的对话交流、礼仪规制、教育宣传、文学艺术、大众传媒，也包括传递文化观念的结构形式、功能产品等**看作文化，其实它们是**价值观的间接表现形式，是文化的间接载体**。不难看出，文化的直接载体和间接载体都具有感性特点，所以我们可以这样定义文化：**从内容与形式角度看，文化是价值观的感性存在形态**（价值观的理性存在形态是哲学）。

准确理解文化含义，对于我们正确进行文化课教学工作，避免陷入把文化课上成技能课的误区，具有十分重要的意义。

注解3. "文化知识是人的精神食粮。"人的精神活动实际上就是人的思维活动，因此这句话实际上是说，**文化知识是人思维活动的内容**。各类人才更多运用所学知识从事劳动，所以他们需要更多的文化知识。但在劳动之余，他们更多需要的是让思维暂时停歇下来，让其他身体器官在适当运动中得到锻炼。与之不同的是，由于劳动群众主要运用其体力活动从事劳动，所以劳动之余，他们更多需要的是让思维在适当运用中得到锻炼，这时他们也需要更多的文化知识。

看来，各类人才和劳动群众对于文化知识的需要，很难从数量上区别开来。但有一点需要明确，各类人才所需要的文化知识是生产性（或者说是工作性）的，而劳动群众所需要的文化知识往往是生活性的，所以，各类人才对文化素质的要求高，特指他们对生产性文化知识的需要多。生产性的文化知识是需要专门学习的，而生活性的文化知识是不需要专门学习的，只要能够保持良好的阅读兴趣，通过文学作品和文化活动就能获得。这告诉我们，文化课的重点是培养学生专业兴趣，同时也要具有培养学生阅读兴趣的作用（在文化课中设置文学阅读是适应这一需要的体现）。

注解 4. 学习文化知识之所以能够促进学生端正思维方向，是因为文化的灵魂是价值观。**价值是客体属性对主体需要的满足**。从这一定义可以看出，价值形成的第一个条件是关注客体的具体属性。任何事物都由多种属性构成，能够满足主体某种需要的并非事物的所有属性，而是其某种属性。比如，书本是以其图文内容满足人们精神文化需要的，蔬菜主要是以其营养成分满足人们营养需要的，粮食主要是以其淀粉满足人们能量需要的。在现实生活中，客体属性并非能够完全满足主体的某种需要，要使之能够完全满足主体的某种需要，还需要人们通过实践活动对它进行改造。比如，大多数蔬菜和粮食需要经过加工才能满足人们的营养需要和能量需要。人们按照需要改造客体的过程便是价值创造过程。也就是说，价值形成还有一个条件，这就是以满足主体需要为目的改造客体。

价值形成的第一个条件就是要求主体明确"看重什么"（看重客体的何种属性），价值形成的第二个条件就是要求主体明确"追求什么"（满足主体的何种需求）。可见，**价值观的核心问题是看重什么，追求什么**。由所看重的到所追求的是一个确定的方向，这个方向表现为实践方向，在本质上它是思维方向（因为实践是在思维指导和控制下进行的）。这就是说，**价值观的本质是思维方向**。所以学习文化知识能够促进学生端正思维方向。（附录 3：《要高度重视思维方向和思维动力》对此有较为详细地说明，敬请关注。）

注解 5. 尤其需要注意的是，文化知识和技能知识的区别，只是对实践（过程和结果）和实践要素及其关系（实践的主体、客体、手段、条件、环境及其相互关系）不同属性（文化属性、本体属性和技法属性）的反映。比如，关于税收的作用和意义的知识就是文化知识，关于税收的含义、本质、特征，以及税收的收缴、管理、使用办法，这些知识就是技能知识，甚至可以这样理解，它们的区别是它们对学习主体的作用不同。比如，一篇描写泰山美景的文章，若学生由此产生了对祖国大好河山的热爱之情，它所包含的知识就是文化知识；若学生只是感受到了泰山之美，它所包含的知识就是技能知识中的本体知识；若学生从中只是学到了一定的写作技巧，它所包含的知识就是技能知识中的技法知识；若学生只是感受到课文的语言美，它所包含的知识就是对学生起不到任何指导作用的"伪知识"。

正确理解文化知识及其与本体知识和技法知识的关系，对于正确实现文化目标和技能目标具有重要意义，不可轻视。

注解6. 其实，技能课也具有培养思维品质的作用，只是与文化课的侧重点不同。如果说技能课重在培养学生"战术上重视敌人"的谨慎思维品质，那么文化课则重在培养学生"战略上藐视敌人"的豪迈思维品质；如果说技能课重在培养学生冷静细致的思维品质，那么文化课则重在培养学生热情果敢的思维品质；如果说技能课重在培养学生坚韧持久的思维品质，那么文化课则重在培养学生灵活敏捷的思维品质。因而**技能课要求学生对技能知识的学习，应当更加强调实用、熟练、精确，做到精益求精，实用高效。文化课要求学生对文化知识的学习，应当更加强调深刻、灵活、巧妙，做到把握精髓，活学活用。**可见，文化课的内容应当浅显易懂，强调常识性，使教学过程相对从容；技能课的内容应当清晰干练，强调基础性，使教学过程相对严谨。

我们基础教育阶段的课程内容和课堂活动能使教学

过程从容吗？答案无疑是否定的。看来，我们基础教育阶段实际上没有文化课。我们总是哀叹学校教育中文化教育缺失，也就不足为奇了。

注解7. 各年级也应当有所区别，如小学低年级三门课程的比例应当是60：40：0左右，小学高年级三门课程的比例应当是30：70：0左右。高中一、二年级三门课的比例应当是30：50：20左右，高中三年级的比例应当是20：50：30左右。

注解8. 据分析，各学校之所以缩短下午自由活动时间，甚至撤走许多学生可以自由使用的单杠、爬竿等活动器材，主要是因为这里发生的不可预知的事情太多了，比如，玩爬竿的学生因为失手摔伤，玩单杠的学生意外撞伤其他学生。根据我国现行法律规定和司法实践，这些都要求学校承担赔偿责任，而且媒体在报道这些事件时，常常对学校使用质疑、谴责的语气，这必然会让学校不断减少学生的自由活动时间，撤走单杠等自由活动器材。可见，要使学校真正恢复下午2小时的自由活动时间，需要通过改进法律制度（比如设立教育意外强制险），优化舆论宣传，营造良好的社会环境。

注解9. 其实，上述基础教育阶段的课程目标和内容方面的改革也适用于高校。在目前高校里，各专业所学基础学科和公共学科大体上可视为文化课，各专业所学的专业学科可视为技能课。需要强调的是：第一，应当以服务和拓展专业技能为方向，改革专业必修的基础学科和公共学科，在重新确定其学科构成的基础上，改革各学科的内容体系，使教材语言着重叙述实践文化属性所含信息。允许和鼓励各高校根据市场对相关专业人才知识要求的变化，调整专业的技能课（包括学科设置和内容体系），最大限度地促成"学以致用"。第二，应以促进学生提高文化素质为主要目的，改革包括基础学科和公共学科在内的文化课的课堂活动，应以促进学生提高技能素质为主要目的，改革技能课的课堂活动（具体参见第22—24页的说明）。第三，高校里的文化课和技能课一般为必修课，但对那些只是有利于丰富专业技能而非专业素质所必备的学科，具有前瞻性但尚未形成规模需要的学科，应当以选修课方式进行管理。

注解10. 这里有两个问题：第一，从理论上看，为什么不能直接把握实践文化属性，而要通过处理教材语言反映的实践本体属性和技法属性所含信息，间接把握实践文化属性呢？

　　古人云："文以载道。""文"当然是文章，从教学角度看，泛指教材语言。"道"当然是道理，从教学角度看，泛指实践文化属性、本体属性和技法属性所含信息。所以，"文以载道"包含的教学论道理就是，用教材教教材语言反映的实践文化属性、本体属性和技法属性所含信息。对于选修课来说，主要是用教材促进学生掌握实践本体属性和技法属性所含信息，让学生着重发挥想象力、有感触地掌握之；对于必修课来说，主要是用教材促进学生掌握实践本体属性和实践技法属性所含信息，同时从中发掘实践文化属性。

　　这是因为，文学语言和史学语言大都是对事情经过的描述，因而大都是实践本体属性所含信息的语言载体。其他科目的语言大都是对事物运动规律及其运用程序、规则、方法、措施等的表述，因而大都是实践本体属性和技法属性所含信息的语言载体，即教材语言大都不是对实践文化属性所含信息的反映——**教材语言对实践文化属性所含信息的反映，往往体现为它反映的实践本体属性和技法属性所含信息。**比如，教材语言反映

"文章作者热爱祖国"这一实践文化属性所含信息，往往体现为文章作者的生产活动、生活方式、情感活动、心理活动、对有关事物的说明和评论等。

"三维目标"的提出者似乎意识到了这一点，因而提出了一个非常响亮的口号："用教材教而不是教教材"，但是却没有明确回答蕴含于其中的一个问题：用教材教什么？正是由于大家不明确这一问题的答案，造成目前普遍没有把实践文化属性所含信息作为必修课主要目标的严重缺陷。这也是业内人士不知如何是好却又不断诟病"三维目标"理论的重要原因之一。

简言之，因为教材语言对实践文化属性所含信息的反映，往往体现为它反映的实践本体属性和技法属性所含信息，所以不能直接以体验思维处理教材语言来把握实践文化属性，而要通过处理教材语言反映的实践本体属性和技法属性所含信息，间接把握实践文化属性。

第二，为什么这里提到的"社会发展"之前有一个"（现代）"呢？

在社会转型的今天，必然要求从实践文化属性的启迪中，进一步发掘现代实践的文化属性，并着重引导学生有体验地掌握它。"实践过程及其结果对于社会及其成员的根本利害关系是价值观的客观基础，从而是文化的客观基础。"能够给人类带来根本利益的是生产实践。在社会转型时期，能够给人类带来更多根本利益的当然是现代生产实践。

随着生产实践现代化，社会文化也必然实现现代化。**在社会转型时期，教材语言反映的大都是传统实践文化属性所含的信息**（对于中国社会来说，其灵魂以"孝悌、忠信、礼让"为核心），**学习它们，既是为了增强民族凝聚力，更是为了发挥其启迪作用，使学生最大限度地感受**（以"自强、尽责、和谐"为核心的）**现代文化，使其价值观念、情感态度、意志追求、言行习惯等，能够更好地与现代社会发展相适应。**

比如，在学习《胡同文化》时，我们看到课文的最后是作者的哀叹声："看看这些胡同的照片，不禁使人产生怀旧情绪，甚至有些伤感。但是这是无可奈何的事。在商品经济大潮的席卷之下，胡同和胡同文化总有一天会消失的。也许像西安的虾蟆陵，南京的乌衣巷，还会保留一两个名目，使人怅望徘徊。再见吧，胡同。"如果我们学习这篇课文，只是了解和体会作者对胡同消失的伤感，没有引导学生体验取代胡同后的现代生活

（现代化大街）给人们带来的享受与活力，就没有把本节必修课百分之百地上成文化课。

传播现代社会文化的教育就是现代教育。"美国等发达国家的现行教育是现代教育"，这是一个误区，需要排除。美国等发达国家的教育以传播个人主义文化为己任。如果说以"孝悌、忠信、礼让"为核心的集体主义文化属于古代传统文化范畴，那么以"独立、平等、竞争"为核心的个人主义文化就属于近代文化范畴了。只有以"自强、尽责、和谐"为核心的团队主义文化才属于现代文化范畴。所以，我们完全没有必要把美国等发达国家的现行教育作为现代教育的标本。（详见附录1：《什么是现代教育》。）

注解11. 应用创新学分为奖励学分，可以在不同学科之间通用。比如，该校一位学生的数学常识是52分，自然地理常识是54分，两门必修课学分没有达到结业要求，可是该生的阅读写作基础这门选修课的成绩是63分，而且拥有应用创新学分7分，如果将应用创新学分7分计入自然地理常识，可使该学科学分达到结业要求，该生可以申请将其应用创新学分计入自然地理常识，最终获得毕业资格。这一规定的实质是，鼓励学生高度重视实践能力和创新能力，为促进社会主义现代化而发展专业特长。

注解12. 选修课之所以突显成绩学分和应用创新学分而忽略过程学分，是因为选修课的主要目的是促进学生提高技能素质，而技能素质往往通过学生的成绩和应用创新就能够充分表现出来，学习过程对于表现技能素质没有多少意义。

由"注解2"可知，以语言为内容的对话交流、礼仪规制、教育宣传、文学艺术、大众传媒，以及传递文化观念的结构形式、功能产品等，是文化的间接载体。必修课之所以不像选修课忽略过程学分那样忽略成绩学分，是因为文化素质在一定程度上通过考试成绩也能够表现出来。必修课之所以强调过程学分，是因为必修课的主要目的是促进学生提高文化素质。一个人的文化素质必然通过情感态度、意志追求和言行习惯等表现出来（因为这些是文化的直接载体）。这些不仅能够通过学习成绩表现出来，而且能够通过学习过程很好地表现出来。这是其一。第二，必修课是文化课，因而文化考试题目主要围绕文化目标命制，文化试题中的主观题目应当更具实践性和开放性，把社会主义现代化建设中遇到的实际问题编制成题目，让考生以"促进精神文明、经济发展、社会进步"为方向，在宪法框架内提出自己解决问题的办法。这样一来，试题难度就会大大降低，因此许多学生就有可能在"急功近利"社会风气的影响下，不重视文化课学习，转而只专注于与自己志向专业相关的技能课的学习，形成文化教育缺失的问题。高度重视过程考核，显然对于抑制这一现象的发生和发展具有重要意义。

另外需要注意的是，过分关注学业成绩带来的直接后果，就是促使教育片面关注学业成绩，形成应试教育。在知识爆炸式增长的发展趋势形成以前，应试教育给人的发展带来的负面影响可以忽略不计，但是在此之后，这一负面影响会越来越大，以至于形成了一些人格扭曲的严重问题。正是这些严重问题，催生了在学业评价（考试）之外新的显性教育评价，最为典型的就是近年来上海市推出的《上海市中小学学业质量绿色指标（试行）》。

教育是以促进学生健康成长为前提、适应社会为条

件、激发学生促进（现代）社会发展的愿望并提高其能力的社会活动，因而对教育的评价指标应当叫作"学生健康成人成才指标"。这个指标大体上包括四个方面：一是生活素质指数，即学生身体有一定免疫能力，生活习惯良好并掌握一定生活技能；二是社会适应指数，即学生适应和促进现代社会发展的愿望和能力的程度；三是学习动力指数，即追求精神文明、经济发展和社会进步的愿望和能力的程度；四是学业水平指数，即学生的知识结构和水平对自身实现志向的满足程度。

注解 13. 为什么要进行团队主义文化教育？为什么"对学校管理体制进行社会主义公司制改造"有利于团队主义文化教育？这两个问题的答案可参见拙作《概论》"上篇"第四章。

注解 14. 外语会话常识学科的主要学习目标是，促进学生通过了解和理解使用外语的人们的言行习惯等，形成一定外语会话能力。外语会话考试不应偏离这一目标。需要说明的是：

第一，必修课所学科目是文化考试的基础，选修课所学科目是技能考试的基础。既然在选修课中设立了"外语翻译基础"学科，为什么在技能考试中没有"外语翻译基础"考试呢？社会发展需要专门的外语人才，为此大学也招收外语专业学生，这些学生所参加的技能考试必然包含外语翻译基础考试。一般来说，外语专业考试基本上都包括外语翻译基础、社会文化史基础、人文地理基础三个科目。可见严格来说，不是技能考试中没有外语翻译基础考试，而是非外语专业的技能考试中没有外语翻译基础考试。

第二，非外语专业，特别是高端知识的学习和运用，需要广泛参与国际交流，需要外语翻译技能，为什么这些技能考试中都没有外语翻译基础考试呢？不同专业所需要的翻译技能大不相同，比如医药专业翻译技能与法律专业翻译技能就迥然不同。所以要求不同专业的学生参加统一的外语翻译基础考试，是不适当的。

第三，非外语专业，特别是低端知识的学习和运用，不需要过多的外语知识和能力。如果要求考生们参加外语翻译基础考试，势必造成其学习时间和精力的浪费；再者，专业外语翻译能力通过大学的专业学习就能获得，没有必要依赖中学。尽管如此，中学文化课中设有外语会话常识学科，高考文化考试中依然有外语会话考试。通过外语会话常识的学习和考试，中学生也能具备一定的外语翻译能力，这为他们在大学进一步掌握专业外语翻译能力打下了良好基础。所以没有必要要求所有专业的学生都参加外语翻译基础考试。

　　注解15. 由"注解6"可知，学习文化知识要做到把握精髓，活学活用。这必然使必修课的学习难度降低。这里又强调，文化考试的题目具有较强的开放性，使文化考试的难度大大降低。二者叠加在一起就会使人们产生这样一种担心：学生不重视必修课，致使文化课的学习效果变差。其实，这些只是必修课的一个方面。必修课的另一方面是，它以轻松、尊重学生情感体验的学习方式引导学生学习文化知识，必然使学生对必修课的学习内容产生兴趣，"对自己有兴趣的内容学习效果差些"，这个观点有谁会认可呢？再者，由"2. 课堂改革目标"可知，必修课的考核成绩中，过程学分占到了50%，这在一定程度上也会起到促进学生上好必修课的作用。所以，如此改革会使"学生不重视必修课"的担心是没有必要的。

注解16. 这里有三种担心需要排除：

担心一：文化考试大大降低了在知识和技法方面的要求，同时技能考试的科目又大大缩减，这必然造成学生由考试成绩反映的知识和技法水平整体下降。以数学知识为例，现在的数学考试必然促使大多数学生学习更多、更深的数学知识和技法，使我国学生数学考试成绩处于较高水平。按照本设计改革高考以后，由于大部分学生不会有专门研究数学的志向，他们仅仅通过必修课学习一定数学思想，不再关注数学知识和技法的学习，这必然形成我国学生的数学考试成绩整体下降。须知，学习知识是为了应用于实践，而非显示知识水平（有则故事的最后一句话令人印象深刻：你们的数学成绩比我们好，但是你们得买我们的货）。试想，那些被忽略的知识和技法中，有多少是学生在以后实践中一定能够用得上的？这说明，我们在改革中丢掉的知识，绝大多数是学生以后实践中用不上的伪知识，也可称之为知识泡沫或泡沫知识。既然如此，这一担心还有必要吗？

担心二：立志学习某专业的学生在技能学习方面，只专注于和自己志向专业有关的本体知识和技法知识，这会造成大多数学生所学知识严重偏科。仍以数学为例，数学专业的考生当然关注数学知识的学习，但对其他学科知识，只是通过必修课学习，而且在这个过程中也只是关注学科思想，对其中的知识和技法不大关注，这必然导致学生在知识和技法方面形成严重的偏科现象。

在谈论学生所学知识是否偏科时一定要明确，学习知识是为了满足实践需要。只要所学知识能够满足实践需要，学生的学习就不存在偏科问题；如果所学知识不能满足实践需要，学生的学习就存在偏科问题。须知，**偏科是指所学知识不能满足主体实践需要的学科偏差现象**。比如，甲某立志研究历史，但他通过作为必修课的数学原理课所学的数学知识，足以满足他的历史研究工作需要和生活需要，所以甲某的学习不存在偏科问题。尽管如此，相比于选修数学基础的学生来说，甲某的数学知识必然很差。乙某立志从事物理教学工作，他的物理知识非常过硬，他也通过选修物理数学基础课（参见第14页）掌握了一定的数学知识和技法，但还是不能促成他很好地完成物理教学工作，这说明乙某的学习存在偏科问题。看来只要正确理解什么是偏科，就不会产生"大量偏科"的担心了。

担心三：有的专业技能考试科目多，有的专业技能考试科目少，这必然造成考生之间的不公平。**世界上的公平大体上可以分为四种：尺度公平、信用公平、机制公平和效果公平。**从最终结果上看，公平程度最低的是尺度公平，可它又容易被感知，获得认可。公平程度最高的是效果公平，可它在社会上还存在着私人利益的条件下难以实现。信用公平和机制公平的公平程度介于二者之间。要求各考生的考试科目一样，是追求尺度公平的体现；要求考试科目更有利于促进考生成长为人才，是追求效果公平的体现。事先公布各专业的考试科目并照章办事，让考生以自己兴趣为前提，根据竞争能力获得学习兴趣专业的机会，又使这一设计兼具信用公平和机制公平。看来，这一设计是公平程度最高的教育改革设计。考试科目数量不同会造成不公平，这是对公平有误解的表现。

注解17. "4 + x"考试模式，可随着社会对高考改革的理解和适应，监督机制和信用体系的建立和完善，学业水平考试的改进，由科技发展带来的人才知识构成的变化，不断进行调整。

第一，随着社会对高考改革的理解和适应，监督机制和信用体系的建立和完善，高中必修课学业考试成绩中，必然将"过程学分"以一定比例计入其中，高中选修课学业考试成绩中，必然将"应用创新学分"以一定比例计入其中。必修课的"过程学分"和选修课的"应用创新学分"的计算，详见"2. 课堂改革目标"有关内容（第20页）。那时，文化考试成绩中必然包括"过程学分"部分，技能考试成绩中必然包括"应用创新学分"。这样做的目的是，把综合素质考核成绩纳入高考成绩中，以更加全面地衡量人才素质。

第二，科学技术日新月异的发展，必然引起人才知识构成的变化。随着社会对高考改革理解和适应的加深，监督机制和信用体系的建立和完善，国家应当考虑授权高校根据学生专业发展需要，确定文化考试成绩的权重和技能考试科目（在操作程序上必须做到一年前向社会公布，以便高中据此调整选修课科目和内容），必要时可单独举行某些技能考试。

比如，某高校认为，本校招收的土木工程专业，学生除了参加国家规定的文化考试和技能考试外，还应当加试一门"科技与设计基础"。该校就提前一年向社会公布这一决定，并在高考结束后的某个时间里，举办该科目考试，并将其成绩与考生的其他考试成绩合并计算，进而开展录取工作。这就是所谓的高校自主招生考试。

一方面，高校的个体行为在执行前须报教育管理部门备案，另一方面，教育管理部门要责成有关机构，抓紧研究这些现象，对于其中适宜在全国推广的做法，应及时将之转化成为全国高考方案的内容。

不论是实行高考与招生相对分离，还是推行高校自主招生考试，其目的都是为了推动学生所学技能知识能够及时适应社会实践需要的变化，切实促进"学以致用"。

附录1：

什么是现代教育

　　胡德海教授在《教育学原理》一书的"前言"中指出：

　　尽管我国是个文明古国，兴办学校教育事业历史悠久，尊师重教之风源远流长，著名教育家代不乏人，流传于世，具有历史价值的教育论著不少，但是，此时出现的教育理论并不是中国历史上固有教育的反映和产物，而是一种来自国外，主要展示现代教育面貌的"舶来品"。而以欧美主要发达国家为代表的现代教育，可以说是以科学知识为主要内容，以满足个体和社会的世俗需要为主要目的，以大众化为主要发展方向，以理性启蒙为主要理念的教育。现代教育的基本精神就是科学主义、功利主义和客观主义。

我认为，以美国为代表的西方教育已经不再是现代教育了，根据是：教育是传播社会文化的社会活动，**现代教育是传播现代社会文化的社会活动，现代社会文化是团队主义文化**，而美国教育传播的是个人主义文化。为什么说现代社会文化是团队主义文化呢？

社会文化是对生产方式的反映，因而要准确把握现代社会文化，就必须准确把握现代生产方式。

人类生产能力的独特之处在于，依靠不断被物化为生产工具的生产技术。包括生产技术在内的各种生产要素，只有按照一定方式组织起来，才能使生产技术转化成为生产力，而各种生产要素特别是人力生产要素的组织方式就是生产方式。现代生产技术出现后，人们必然以促进现代生产技术能够转化成现代生产力为根据，创新现代生产方式。

因为生产方式是各种生产要素特别是人力生产要素的组织方式。现代生产方式必然给人们带来更多利益，能够被人们普遍接受。但是，由于传统习惯的影响，人们对现代生产方式还不是那么理解。一些先进的思想家，就把现代生产方式对人的素质要求概括出来，形成了现代文化。通过现代文化的普及，人们普遍理解了现代生产方式，积极参与到现代生产方式的建设中来，最终完成了社会现代化。可见，**现代生产方式是现代技术发展要求的反映，而现代社会文化是现代生产方式的反映。**

站在今天的历史阶梯上我们看到，现代生产技术是信息工业，现代生产方式是社会主义公司（具体论述详见拙作《概论》上篇"第二章现代生产方式的确立"部分）。

由于掌握先进生产技术，美国等发达国家在生产过程中率先实现信息控制，因而他们率先掌握现代生产技术。但是，他们并没有普遍建立社会主义公司生产方式，因而没有采用现代生产方式。尽管其社会内部也存在着公司，但这些公司没有充分满足社会化生产力在生产经营和利益分配两个方面的社会化要求，因而不是社会主义公司。这决定了美国等发达国家的社会文化不可能是现代社会文化——不可能建立以"自强、尽责、和谐"为核心价值观的团队主义文化，而是坚持以"独立、平等、竞争"为核心价值观的个人主义文化（详见拙作《概论》上篇第四章）。

中国在努力实现生产现代化的过程中，必然按照马克思主义原理率先改造现有的公司生产方式，使之成为社会主义生产方式——满足社会化生产力在生产经营和利益分配两个方面的社会化要求，并以此为基础率先建立以"自强、尽责、和谐"为核心价值观的团队主义文化（因而中国教育现代化有望先于美国等发达国家而完成）。

总之，现代社会文化是以"自强、尽责、和谐"为核心价值观的团队主义文化。这就是说，从内容上看，传播团队主义文化的教育才是现代教育。

当然，现代教学和管理也是现代教育不可或缺的因素。信息技术的迅速发展，使课堂教学和教育管理的现代传播手段空前发展起来，其表现可谓林林总总、日新月异。应当把它们尽可能地吸收进来，为课堂教学服务，为教育管理服务。现在的课堂教学中使用现代传播手段存在着"为用而用"现象。使用现代传播手段不是为了展示教师使用信息技术的能力，也不是为了烘托课堂氛围给别人看，而是用现代传播手段（如视频、PPT等）提高学生对相关知识的关注度和学习效率。现在的教育管理，也存在着"为管而管"现象。须知，管理是为了给学生创造更加有效的学习条件，是为了促进学生能够发挥想象力，有体验、有感触地学习知识。可以说，从形式上看，现代教育是通过现代教学和管理活动来传播社会文化的社会活动。

总之，**现代教育是通过现代教学和管理活动来传播团队主义文化的社会活动。**美国等西方发达国家的教育从形式上看可以说是现代教育，但从内容上看，西方发达国家的教育并非现代教育。从胡教授对西方教育基本精神的概括（科学主义、功利主义和客观主义）中，我们也能够体会到这一点。

所以我们在实现教育现代化的过程中，没有必要把西方教育当作标本，应当坚持以社会主义现代化建设需要为根据，以社会主义建设经验为基础，并借鉴西方教育形式的合理因素，努力实现我国教育现代化。

附录2:

教育是科学与技术、文化与艺术的统一

西北师范大学胡德海教授在其《教育学原理》（人民教育出版社2013年11月版，第14—15页）写道：

认识外部世界依靠理性，而认识内心世界（把握人自身），却离不开体悟、体验和直觉。中国传统哲学侧重于"向内用力"，因而在总体上表现出非逻辑主义的倾向，这是很正常的。因此，从根本上说，教育的过程，不仅是科学的过程，还是一个人文的过程，或者说，是一个文化的过程。把教育尤其是道德教育只当作一种科学，应该说是教育观念上的一个误区。科学从广义上说，是主观对于客观的符合，它与"真理"构成一对体用关系；从狭义上说，科学强调的是主客的二元对立，强调对象性、客观性。可见，说教育是一门科学，其隐含的意义是说教育学作为一门学问，追求的是教育的真理。但如果对它进行狭义的理解，又必须把教育的客体对象化或者把主客体都对象化，从而使科学成为可能。然而，科学只是达到真理的途径之一，对于人来说，教育不只具有科学的本质，更重要的具有人文的属性，由于这种人文的属性，教育同时又必须遵循文化的逻辑。如果说，科学需要的是对象化的主客体的对立，人文需要的就是主体对于客体的投入和二者的一体化。作为教育的主客体的人，当然有其生理与心理的基础。但从根本来说，人不是生物性的存在，而是文化的存在物，人之所以成为人，主要是由文化所塑造的。因此，教育作为一门"科学"，其基础的理念是把"人"作为生物性的存在；而作为一种"人文"，则是把"人"作为文化的存在物。科学与人文构成教育的双重本质，科学过程与人文过程的统一，才构成健全的教育过程。

在我看来，教育是科学与人文的统一，是指教育的内容是科学知识与文化知识的统一（这里的科学知识就是"正文"中的技能知识）。

科学是从西方引入的一个概念。西方人的生产多为渔猎，生产对象（动物）的存在是多变的，这吸引了西方人更多的注意力，因而西方人的思维多为"向外用力"，指向事物的属性，着力于认识和利用事物属性及其变化的规律性，所以西方人创立的知识主要是以反映和利用事物属性及其规律性为目的的科学知识。"反映和利用事物属性及其规律性"的目的，决定了西方人创立科学知识时，更注重知识的对象性，强调知识内容的客观性（这就是为什么西方人对哲学发展的突出贡献，是以实事求是为灵魂的唯物主义的原因所在）。注重对象性的思维过程也起到了更好地锻炼抽象思维的作用，所以西方人的传统思维更加抽象，也是这个缘故，西方人创制的文字是更加抽象的符号文字。总之，西方人的思维更加抽象，更喜欢求真理。

文化是中国人自己创立的一个概念。中国人的生产多为种植，生产对象（庄稼）的存在是稳定的，因而生产没有吸引中国人的更多注意力。黄河流域滋养的众多人口，以及他们之间为生存而进行的各种斗争，把中国人的注意力更多地吸引到对人内心的研究上，因而中国人的思维多为"向内用力"，指向人内心，着力于认识和利用人的情志及其表现（言行）与事物的关联性。所以，中国人创立的知识主要是以反映和利用人的情志及其表现（言行）与事物的关联性为目的的文化知识。"反映和利用人的情志及其表现（言行）与事物的关联性"的目的，决定了中国人创立文化知识时，更注重知识的体验性（这就是中国人为什么对哲学发展的突出贡献，是以谐极生克为灵魂的辩证法的原因所在），强调知识内容的情理性。注重体验性的思维过程起到了更好地锻炼具象思维的作用，所以中国人的传统思维更加具象，也是这个缘故，中国人创制的文字是更加具象的象形文字。总之，中国人的思维更加具象，更喜欢讲情理。

历史发展到今天，科学知识的内容不再局限于外界事物的属性及其变化的规律性，文化知识的内容也不再局限于人的情志及其表现（言行）与事物的关联性。但科学与文化的区别明显存在于人们的心中。看来今天还是要把科学与文化区别开来，只是不能再以内容是否为外界事物及其规律性，或者内容是否为人内心的体验及其与言行的关联性作为根据了。那么，我们应当以什么为根据划分科学知识与文化知识呢？

由"注解1"已知，文化知识是实践文化属性所含信息的语言载体，技能知识是实践技能属性所含信息的语言载体。**从作用上看，科学知识是关于怎样实践和高效实践的知识，文化知识是关于为何实践的知识。**这样，我们就把科学知识与文化知识区别开了。总之，教育的内容是科学知识与文化知识的统一。

"科学过程与人文过程的统一，才构成健全的教育过程。"胡教授这里所说的人文，是从教育形式（或称学习手段）上看对人文的理解，我们也可以换个词语来表达它，这就是艺术。同艺术相对应的概念当然不是科学，而是技术。

大家常常有一种困惑：教育形式究竟是技术还是艺术？讨论这个问题之前，有必要明确什么是技术，什么是艺术。**技术是利用规律从事活动的手段。**比如，利用空气流动规律搞风力发电，利用灯管的发光规律制造调光灯具，就属于技术活动。**艺术是利用情志从事活动的手段。**利用观众与人物在相关社会文化活动中的情志共鸣，改变观众的精神世界，就属于艺术活动。

人们认识事物会受到自身情志因素的支配。学习活动也不例外。所以学习活动常常是通过调动学生的情志因素，使之转化成为学习动力来促进学生学习知识的。

从这个角度看，教学活动是一种艺术活动。传统上，不论中国还是西方，教育的形式都是利用学生的情志来促进学生通过学习知识改造主观世界的，因而传统教学基本上都是艺术。但是现在就不同了。随着心理学的发展，越来越多的思维规律被人们所掌握，在这种情况下，人们利用所掌握的思维规律组织教学，使教育的形式带有越来越浓厚的技术色彩，因而出现了以"促进教师专业化发展"为宗旨的教师培训计划，却不知无论思维科学怎样发展，都不可能在教育过程中把情志排除出去，使之成为学生接受文化知识的唯一形式或手段。不容忽视的是，教师活动中毕竟有技术的一面，因而把促进教师专业化发展作为一个阶段的努力方向，也是可以的，因为它能促进教师利用思维规律的自觉性。所以从形式上看，现代教育是技术和艺术的统一。

科学与文化本来就属于实践的不同方面，不是绝对排斥关系。科学研究当然也离不开研究者的内心体验，也不否认知识的情理性，只是科学研究更重视事物属性，要求研究者的内心体验是开放的，自己确认知识的过程在情理上是开放的，所以在西方科学中有文化因素。文化研究当然也离不开被研究者的属性（知识的对象性），也不否认知识的客观性，只是文化体验更重视内心体验，要求对事物属性的理解，与已有知识、经验、情感、志向等具有内在统一性，所以，在中国文化中也有科学因素。基于这样的事实，我们可以这样理解西方人所求的真理和中国人所讲的道理：真理主要是对事物规律的如实反映，道理主要是对人们情志的如实反映。

一般来说，学习科学知识的主要手段是技术，学习文化知识的主要手段是艺术。这就是说，学习包括本体知识和技法知识在内的科学知识时，要充分利用思维规律，着重发挥识别思维和试用思维的作用；学习文化知识时，要充分利用人的情志因素，着重发挥体验思维的作用。

需要注意的是，学习知识是为了提高素质，但这并不意味着知识越多越好。

第一，学习知识是手段，提高思维水平才是目的。人的思维包括思维方向、思维动力、思维内容、思维方法和思维品质等五个方面，所以在学习知识的过程中，要兼顾思维方向、思维动力、思维方法、思维品质。特别是要重视思维方向和思维动力的培养，因为没有正确的思维方向和充分的思维动力，思维内容、思维方法和思维品质都将失去意义。

第二，一般来说，在14岁以前人的体验思维发展迅猛，在14岁以后人的识别思维和试用思维发展迅猛。学习文化知识更多依靠体验思维，学习科学知识更多依靠识别思维和试用思维。在某种思维能力迅猛发展的时期，学习相应内容不仅能够提高学习效率，而且能够很好地起到提高相应思维能力的作用，因而学习内容的安排必须考虑思维发展的规律。所以小学学习的主要内容应当是文化知识，中学学习的主要内容应当体现由文化知识向科学知识的过渡，大学学习的主要内容应当是科学知识。

第三，因为人的思维能力是有限的，一旦所学知识超过了人的思维能力，这些知识就成了人的思维负担，轻者会形成教条主义的书呆子，重者会导致人出现心理、精神疾病或精神失常，不可不察！

总之，**从内容上看，教育是科学与文化的统一；从形式上看，教育是技术与艺术的统一；从内容与形式的关系上看，教育是科学与技术、文化与艺术的统一。**学生学习科学知识主要是在技能课（选修课）上，学习文化知识主要是在文化课（必修课）上，所以技能课（选

修课）主要是科学与技术的统一，文化课（必修课）主要
是文化和艺术的统一。这是技能课（选修课）与文化课
（必修课）在课堂改革目标上存在重大区别的原因所在。

要高度重视思维方向和思维动力

西北师范大学胡德海教授在其《教育学原理》一书中说："一个人生来无'知'，但生来有'欲'，'欲'比'知'更内在，更深刻。"这句话很精辟！不过这句话还需要做进一步解读。

这里的"知"是指感觉和知识。

感觉是信息的心理载体。比如，现实生活中苹果的各种信息，通过刺激人的视觉、触觉、味觉、嗅觉等，形成人对苹果的种种感觉；游戏活动的各种信息，通过刺激人的视觉、听觉等，形成人对游戏的种种感觉；搭建木棚实践的各种信息，通过刺激人的视觉、触觉等，形成人对搭建木棚的种种感觉。我们之所以能够从众多事物中认出苹果，是因为我们能够把对苹果的种种感觉综合起来形成一个整体，不会因为某事物的气味与苹果相同，就把它当作苹果。同样，因为我们能够把玩游戏的种种感觉综合起来形成一个整体，所以能够把玩游戏同其他活动区别开来。我们能够把工人搭建木棚同其他实践区别开来的道理也是如此。

苹果这一事物反映到语言当中就是"苹果"一词，游戏这一活动反映到语言当中就是"玩游戏"这一短语，工人们搭建木棚这一实践反映到语言当中就是"工人们搭建木棚"这一句话。人们通过这些词语、短语、话语了解到苹果、玩游戏、工人搭建木棚等事物、活动和实践，这些词语、短语、话语等语言就是知识。如果人们不能通过这些语言了解到它们所反映的事物、活动和实践，这些语言就只是语言，而非知识。可见，知识是信息的语言载体，没有一定信息含量的语言只是语言，不是知识。

这就告诉我们，在促进学生学习知识时，一定要促进他们领悟知识所反映的信息，而要做到这一点，就必须使学习过程成为有体验、有感触的学习过程，成为能够发挥想象力的学习过程。

一个人生来无"知",首先是指一个人刚生下来不会具有关于事物的感觉和知识。随着时间的推移,个人的外界感受和他人教育的积累,人们会积累越来越多的感觉和知识。

人生来有安全需要、温饱需要、情感生活需要、社会生活需要、精神生活需要等,这些需要往往通过恐惧感、饥寒感、寂寞感、孤独感、空虚感等反面感受体现出来。因而人生来就有这些反面感受,生来就有思考如何避免和克服这些反面感受的能力,这就是胡教授所说的人"生来有'欲'"。简言之,胡教授所说的"欲"是指具有一定方向的思维动力。

广义地说,思维是对信息的处理过程。人们对信息的处理,既包括通过接受外来事物的刺激形成感觉,也包括通过对感觉的提炼、整理和加工生成知识,还包括从知识中提炼信息、整理信息、加工信息等。

一个人生来有思维能力即有"欲"。最初,大脑里没有思维的内容即无"知",无法形成思维过程,就像胃里没有吃进来的食物就没有消化过程一样。随着时间的推移,个人的外界感受和他人教育的积累,形成了许多能够与个人的思维能力实现初步统一的内容，个人的思维过程就开始了。不言而喻，"知"的内容丰富起来以后，对思维提出了更高的要求，这必然推动思维的发展，反过来，思维水平提高后，又必然需要更多的思维内容。人的思维就是这样发展起来的。

说到思维发展，人们常用的词汇是开发思维。而一说到开发思维，更多人想到的是培养思维方法。其实，开发思维包括端正思维方向，开发思维动力，开发思维内容，开发思维方法和提高思维品质等若干方面，其中最重要的是端正思维方向和开发思维动力两个方面。

现在一提起中国社会，许多人的第一反应就是不好，这也不好，那也不好，至于社会的进步，社会好的一面，如果谁提了，别人就以怪异的眼光来看他，好像他是个精神病人似的。为什么会这样呢？有人分析说，这是中国传统的自谦文化在心理上长期积累的结果。我认为这一说法有一定道理，但不是问题的症结所在。

1840年以来中国社会长期贫弱、问题百出，在民众中形成了"社会不好"的心理定势，这不能不说也是一个因素。但这也不是最重要的。最重要的是我们传统教育理念存在着严重误区。比如旅行途中，你常问孩子，你累吗？你渴吗？你饿吗？回来后，你若问孩子，这次旅行愉快吗？他的回答一定不是你最期待的答案。假如你在旅行途中常问孩子，高兴吗？并常常让孩子述说让他高兴的情景，回来后你若问孩子，这次旅行愉快吗？他的回答一定是让你最期待的答案。这一事实说明，**人们所体验的并非是他所经历的，而是他在经历中所看重和追求的。**

在我国传统教育中存在着这样一种理念："成绩不说跑不了，问题不说不得了。"在这一教育理念指导下的教育活动，必然引导孩子思维指向自己、别人和社会的负面东西，形成对负面东西更加强烈的体验。这就是"现在一提起中国社会，许多人的第一反应就是不好"的重要原因。

可见，端正思维方向是一个非常重要的问题。

有一次，我去朋友家做客。吃饭期间聊到今天在幼儿园的事，孩子很高兴地说："我今天唱歌了，老师夸我唱得好。"我赶快说能不能唱给我们听一听。孩子整理了一下情绪就唱起来，唱到第三句的时候，他妈妈打断说："不对，第二句应当这样唱"，随即示范了一下。我看到孩子的表情一下子阴下来了。随后，无论我们怎么鼓励，孩子都不愿意再唱了。

孩子之所以不愿再唱了，是因为在他的思维中失去了再唱下去的动力。那么，人们的思维动力有哪些呢？

对于大部分人来说，最重要的思维动力一般是利益和习惯，但对情感丰富的人来说，情感态度是最重要的思维动力，对于意志坚定的人来说，意志追求是最重要的思维动力。教育是文化活动，应当着力促进学生从情感态度、意志追求和言行习惯方面增强思维动力。

有位老师，为了增加课堂情趣，在制作PPT时，每张幻灯片的右上角都加了一个变换鬼脸的小精灵，结果大家上课时都注意那个小精灵，整个课堂的内容能够学进去的很少。可见，教育的形式美，突出特点不是繁华、绚丽，而是简约、清晰，因为这些美的形式只是教学过程借助的手段，而非目的，目的是通过这些形式引发学生对所学知识的兴趣。繁华、绚丽的形式会过多地吸引学生的注意力，阻碍学生注意其所学知识包含的实践信息。

教育的内容美，突出特点是能够激发学生的情志，高兴时欢呼雀跃，悲伤时泪眼婆娑，激动时振臂高呼，痛恨时捶胸顿足。千万不要为了"良好的课堂秩序"，要求学生在高兴时正襟危坐，痛苦时正襟危坐，激动时正襟危坐，痛恨时正襟危坐，把学生训练成情感麻木的东西。一旦如此，社会危矣！

总之，教育应当以其简约美、清晰的形式美促进学生专心学习知识；以其能够激发学生情感态度、意志追求的内容美增强学生的学习动力。

"成绩不说跑不了，问题不说不得了"这一传统教育理念，不仅会对人们思维产生方向性的误导，形成"只见问题树木，不见进步森林"的偏狭心理趋势，而且也还会严重挫伤人们的自尊心、自信心，从而危害人们的思维动力，应当抛弃，代之以"问题不说大不了，美感没了不得了"的现代教育理念。

综上所述，"知"与"欲"都是非常重要的。有"欲"可以收获更多的"知"，无"欲"则会使已经有的"知"，随着时间的推移消失殆尽。胡教授"'欲'比'知'更内在，更深刻"，正是这样一个意思。而"欲"就是人具有一定方向的思维动力，所以在胡教授看来，我们在教育教学过程中，要高度重视思维方向和思维动力的培养。

附录4:

社会性及其历史演变

　　从题目上看，这是一篇与本书主旨无关的文章，之所以把它纳入本书，是因为教育的目的是促进学生成长为人才，而人才首先要具备文化素质成为社会人，能够使人成为社会人的文化素质，当然是帮助人们正确理解社会的文化素质。本文的主旨就是帮助人们正确理解社会，任何从事教育的人都有必要关注它。

　　"我们的出发点是从事实际活动的人……但不是处在某种虚幻的离群索居和固定不变状态中的人，而是处在现实的、可以通过经验观察到的、在一定条件下进行的发展过程中的人。"所以，"人的本质并不是单个人所固有的抽象物。在其现实性上，它是一切社会关系的总和。"（马克思语）概括地说，社会性是人的本质属性。这一马克思主义结论是人们耳熟能详的。问题在于，我们该如何理解社会和社会性呢?

社会是共同生活体，社会性指的就是共同生活的属性。这是对社会性的广义理解。狼群、蚁群等也有生活共同体，因而它们的生活也有共同体属性，即具有社会性。从这个角度看，人有社会性，动物也有社会性。狭义地看，**社会是以共同生产为基础形成的共同生活体，社会性指的就是以共同生产为基础形成共同生活体的属性**。从这个角度看，只有人才有社会性。从中可以看出，**生产社会性是狭义社会性的本质**。

采集社会的生产方式属于集体生产方式，而集体生产方式是以单独作业为基础的集中生产方式（《概论》，第15页）。从表面上看，集体生产是一种共同生产，其实不然。以单独作业为基础决定了集体生产不是共同生产，而是许多人集中在一起生产。大家集中在一起不是"基于生产"或"为了生产"，而是"基于血亲（关系）"或"为了安全"。这就是说，采集社会的社会性不是基于共同生产，而是"基于血亲"和"为了安全"，可称之为血亲社会性和安全社会性。血亲社会性是以血亲为基础自发形成的社会性，安全社会性是以安全为根据自觉形成的社会性。当然，血亲社会性和安全社会性都不是生产社会性，所以在严格意义上，在集体生产方式下形成的人类生活的社会性，还不是（狭义）社会性。

在采集社会里，由于制造和使用工具活动的出现，生产劳动已经产生了。但是，生产劳动过程与消费过程基本上是完全统一的关系，如摘到果子就立即吃掉了。在生产劳动过程中，制造和使用工具的过程与整个生产过程也是完全统一的关系，如使用棍子打枣，枣被打下来了，使用工具的过程和生产过程就完成了。这说明，采集社会的生产劳动没有获得独立存在和发展。

没有获得独立存在和发展的生产劳动，不可能独立造就人的社会性，因而采集社会里人的社会性，就不可能是生产社会性，而是从猿猴那里继承来的自发的血亲社会性，加上一些自觉的安全社会性。可以说，采集社会的社会性具有两重性，是自发的血亲社会性和自觉的安全社会性的统一，以自发的血亲社会性为主。与社会性相适应的所有制形式是公有制，所以采集社会的生产资料所有制是公有制。

农业社会的生产方式也属于集体生产方式，农业的集中生产在形式上也体现了"共同生产"属性，但它也不是"基于生产"或"为了生产"，因而农业社会的社会性，也是"基于血亲"和"为了安全"，属于血亲社会性和安全社会性。

农业生产不同于采集生产，人们既不能一边收割小麦一边吃掉它，更不能一边播种小麦一边吃掉它。播种小麦、必要的田间管理和收割小麦是制造和使用工具的过程，小麦在阳光照耀、雨水浇灌、土壤滋养条件下自然成长的过程，却不是制造和使用工具的过程，但仍然属于小麦的生产过程。这就是说，在农业生产过程中，制造和使用工具的过程与整个生产过程不是完全统一的关系。这说明在农业社会里，生产劳动获得了独立存在和发展。

农业生产表现出来的主要是个体属性，其标志是每个人都能够单独制造和使用工具进行生产劳动，如锄地、耕地、点播（玉米）、收获（玉米）等。主要具有个体属性的生产力越发展，其劳动单位（氏族村庄、奴隶群体、农民家庭）的规模就越小，数量就越多，因而农业生产是个体生产，**农业生产力是个体化生产力**。主要具有个体属性的农业生产是私有制形成的生产力基础，**因而农业社会的发展历史是一个私有制产生并不断发展的历史。**

可见，农业社会的社会性具有两重性，也是自发的血亲社会性和自觉的安全社会性的统一，但以自觉的安全社会性为主。

机器工业产生后立即创造了自己的生产方式——企业，企业是以分工为基础协作劳动的生产方式（同上书，第19页）。在企业生产方式下，一个生产过程只有通过许多人以分工为基础的协作劳动才能完成（如自行车的制造过程，就是通过许多工人以分工为基础的协作劳动完成的）。这就是说，企业生产方式使工业生产表现出来的主要是社会属性。这种具有社会属性的生产力越发展，其劳动单位（私人企业、公司企业、国有企业）的规模就越大，数量就越少，因而工业生产是社会生产，**工业生产力是社会化生产力。**主要具有社会属性的工业生产是公有制形成的生产力基础，因而**工业社会的发展历史是一个公有制复归并不断发展的历史。**

在工业社会里，不仅生产劳动能够独立发展，而且对消费需要的满足途径产生了重要影响。表现是，随着铁路、饭店、学校、托儿所、养老院等公共设施的建立和发展，旅行、饮食、教育、育儿、养老等消费的实现途径，也具有越来越强烈的社会性特点并迅速发展起来（这是个人消费能够得到全面而且充分满足的条件），这是血亲社会性在工业社会里，具有逐渐退出历史舞台发展趋势的重要原因。

虽然工业社会的社会性主要是生产社会性，但安全社会性和血亲社会性依然存在，并且在国家层面上，安全社会性的强度还会高于生产社会性。这就是说，工业社会的社会性有三重性，是生产社会性、安全社会性和血亲社会性的统一，以生产社会性为主。

在知识社会里，由于私人利益的消失和人类生活条件的改善，安全社会性逐渐退出历史舞台，人类生活的社会性基本上体现为生产社会性（还有一些微弱的血亲社会性）。

传统马克思主义者认为，生产劳动一经产生便具有社会性，而且正是生产劳动的社会性，决定了人类生活具有社会性。这一观点由于没有具体分析血亲社会性、安全社会性和生产社会性，所以没有彻底贯彻辩证唯物主义原理；由于没有历史分析血亲社会性、安全社会性和生产社会性的演变，所以也没有彻底贯彻历史唯物主义原理，它也不能透彻说明私有制的产生、发展和消亡。**只有具体分析包括生产社会性、血亲社会性和安全社会性在内的人的社会性，并关注它们的历史演变，才能在人的本质属性方面彻底贯彻辩证唯物主义和历史唯物主义，才能透彻说明私有制的产生、发展和消亡，才能透彻说明公有制在今天产生和发展的历史必然性。**

运用市场机制促进
校长教师合理流动轮岗

　　党的十八届三中全会指出："统筹城乡义务教育资源均衡配置，实行公办学校标准化建设和校长教师交流轮岗，不设重点学校重点班，破解择校难题，标本兼治减轻学生课业负担。"（摘自《中共中央关于全面深化改革若干重大问题的决定》人民出版社2013年11月版，第43页）三中全会之后，许多地方采取措施努力贯彻这一精神，值得称道。有些遗憾的是，这些地方所采取的措施存在着一些问题。

　　三中全会后，许多地方采取措施推动校长教师交流轮岗。这些措施归结起来还是行政命令手段，没有体现三中全会的基本精神之一："使市场在资源配置中起决定性作用"，也没有体现三中全会关于学校管理体制改革的基本精神，"深入推进管办评分离，扩大省级政府教育统筹权和学校办学自主权，完善学校内部治理结构"。这些行政措施不能发挥"教师交流轮岗"，在"促进教育资源均衡配置"、"破解择校难题"、"标本兼治减轻学生课业负担"等方面的积极作用。也就是说，这些行政性交流轮岗措施，既没有全面贯彻三中全会精神，也不符合科学发展观的以人为本、统筹兼顾，全面协调可持续发展等要求，需要改进。

解决上述问题的指导思想是科学发展观。科学发展观的第一要义是发展。**教育发展的关键是课堂教学，而课堂教学的质量取决于校长的管理水平和教师的教学水平。要提高校长的管理水平和教师的教学水平，首先要增强校长和教师自我提高的动力。**在校长和教师没有自我提高动力的条件下，任何先进教育理论和教学经验，都不可能成为校长进行学校管理和教师从事课堂教学的指导因素，校长的管理水平和教师的教学水平也就不可能有所提高。而要增强校长和教师的自我提高动力，就必须坚持以人为本原则，深入研究校长和教师自我提高的动力源泉。还要运用统筹兼顾方法，统筹解决学校民主管理、高效运作，教师敬业乐业、积极进取，师资均衡配置、合理流动等教育管理问题。只有这样，才能促进教育实现公平发展（即均衡发展）、高效发展、可持续发展。

在工业社会里，人类社会的基本矛盾（劳动生产与消费需求的矛盾）主要体现为劳动产品的结构不能满足消费需求的结构，称之为产需结构矛盾，解决产需结构矛盾的方式是法律地位平等、具有独立利益的经济主体，以等价为基本原则进行市场交换。所以，工业社会里起决定作用的资源配置方式是市场交换。（参见《价值经济学纲要——广义资本论基础》中国经济出版社2010年3月版，第46页）校长教师作为重要教育资源，当然要顺应时代潮流，采用市场交换的方式予以配置。

在社会主义社会里，劳动仍然是个人谋生的手段。按照个人向社会提供的劳动质量高低和劳动数量多少来分配个人消费品，使劳动质量较高、数量较多的劳动者，拥有高于其他人的个人收入，这一方面能够使其改善生活条件，为其更好地投入劳动解除后顾之忧，另一方面，能够使其相对于其他人产生一定优越感，形成更加强劲的劳动积极性和创造性。这就是说，**收入相对较高，是校长教师工作积极性和创造性的重要源泉。**

在收入相对丰裕的情况下，一位校长或教师，在一个地方待久了就会对同事形成审美疲劳，在这种情况下，他不会通过更大努力获取同事的认可和赞美。另一方面，同事对当事人也会产生审美疲劳，这时无论他做出怎样的努力，工作有多大的改进，也不会轻易得到同事的认可和赞美。"外来的和尚会念经"就是对长期共同工作和共同生活必然形成审美疲劳的深刻写照。这就是说，**在开展工作的过程中获得美感享受，是校长教师工作积极性和创造性的又一重要源泉。**

改革开放后，我国经济得到长期稳定发展，已经具备了向教育投入更多财力的物质基础。

虽然整个社会对教育在社会主义现代化过程中的地位，并没有十分透彻的认识，但我国法律早有明文规定，国家财政向教育的投入不低于国内生产总值的4%，而且要逐年提高。

概括地说，中国梦就是实现社会主义现代化，社会主义现代化就是在社会主义范围内实现社会现代化。**所**

谓社会现代化，就是社会主体从事社会活动方式的现代
化。社会（活动）方式具体表现为以政治制度为核心的
社会管理制度。社会的主体是人。人的活动受自己思想
意识支配，而人的思想意识又会受到社会文化的深刻影
响。社会文化现代化必然促进人的思想意识现代化，从
而促进社会主体自觉按照现代社会活动方式从事社会活
动，彻底实现社会现代化。所以，**社会现代化的实质是
社会文化现代化。社会文化现代化主要依靠教育现代
化，所以教育现代化是社会现代化的基本实践途径。**可
见，在实现中国梦的过程中，教育具有十分重要的战略
地位，应当高度重视，加大投入。（同上书，第1—2页）

　　小学的学制是6年。一位小学校长在一个学校工作满
6年，对于起始年纪的学生来说，在小学成长的全过程
都会受到该校长的影响，因而他们对学校的喜欢程度和
学习成绩，将成为考核该校长工作水平的最重要指标
（其他年级的学生对学校的喜欢程度和学习成绩，也是考
核该校长的重要指标，不过，权重应依次递减）。初中和
高中的学制都是3年，一位中学校长在一个学校工作满6
年，可以全面关注两届学生的成长过程，因而他们对学
校的喜欢程度和学习成绩，将成为考核该校长工作水平

的最重要指标（其他年级的学生对学校的喜欢程度和学习成绩，也是考核该校长的重要指标，不过，权重应依次递减）。

十八届三中全会强调：要"深入推进管办评分离，扩大省级政府教育统筹权和学校办学自主权，完善学校内部治理结构"。这恰恰是推进校长交流轮岗的重要条件——学校实行理事会管理体制。学校教育属于社会公益事业，理应采用社会化管理模式实行社会化管理。现代工业生产力已经为我们创造了公司制这样的社会化管理模式，应当借鉴。公立学校的管理者不是投资人，因而学校管理机构不应称之为董事会，而应称之为理事会。

理事会是公立学校的管理决策机构，理事长是学校的法人代表。教育行政部门指派的专职管理人员兼任理事长，一个人在一个学校担任理事长的期限为6年，不得连任。届满后，此人将退回教育行政部门听候安排（可理解为理事长交流轮岗）。理事长没有学校管理决策权，但有组织理事会会议和确定会议议题的权力（如果有三分之一及其以上的其他理事联名要求召开理事会，专门讨论某个议题，理事长不得以任何理由拒绝）。理事会的其他成员包括党组织代表、教师代表（一般为年级组长和其他优秀教师经党组织领导的职工代表大会选出），学生代表（一般由学生会组织学生通过竞选活动选出），家长代表（应当由家长委员会选出），小学和初中属于义务教育学段，还应有社区代表参加。理事会成员的任期为2年，可连任两届。一般来说，学校理事会的主要职权包括：①确定学校发展章程，包括学校特色、发展规划、学校内部组织机构及其编制等，②确定国家划拨资金和学校自筹资金的分配方案，③通过竞选活动聘请6年任期的校长（可连选连任），④确定学校内部绩效工资的分配方案，⑤定期审议校长的述职报告，并将审议结果呈送教育行政部门，作为后者考核校长业绩的重要依据之一。

校长是学校执行机构的负责人。校长在一个学校的工作已满6年，由理事会决定其去留，续聘者，继续在本校担任校长，不再续聘者，该校长职务自行解除。一个校长在某学校任期结束后，可到其他学校应聘校长，若得以聘用，他将继续自己的校长生涯。学校校长的主要职权包括：①确定学校内部各管理机构的领导和干事人员名单，②确定部门领导及其工作人员的具体工作职责，③领导、监督学校各部门从事教育教学管理工作，④根据学校教育教学指导委员的建议，确定聘请教师的人选，⑤根据（学校理事会通过的）学校奖金分配方案和教师业绩评定结果，向学校内部各部门及其工作人员、教师发放绩效工资（校长的绩效工资由教育行政部门评定、发放。一般说来，一位校长的工资应为教师平均工资的6倍左右）。

由教育行政部门代表、党组织代表、教师代表、学生代表、家长代表和社区代表组成的理事会，决定学校的发展特色、发展规划等，一方面能够保证党的教育方针、政策的贯彻执行，另一方面能够使学校决策符合以教师和学生为代表的学校实际情况，还能够使学校决策得到社会的广泛理解和支持。学校决策的民主化和社会化，有利于实现学校决策的科学化。

由这样的理事会聘请的校长，一般具有较高的学校管理能力。校长拥有学校各部门领导和干事人员的任免权，能够大大提高学校管理效率，促进学校管理的科学发展。校长能够连选连任，有利于学校形成稳定的校园文化，促进学校可持续发展。

一位教师交流轮岗到新的学校，一般会被安排在起始年级。小学教师在一个学校工作满6年，刚好教完一届学生；初中和高中教师在一个学校工作满6年，可能刚好教完两届学生。这样会尽量避免因为教师的流动轮岗影响学校教学工作安排，尽量避免因此造成学生频繁适应新的教师带来的困扰。

教师流动轮岗的条件是学校成立教育教学指导委员会，由该委员会遴选出运用先进教育教学思想改进教育教学方法，在深受学生欢迎的基础上成绩优秀的教师。学校教育教学指导委员会委员，由本校优秀教师担任（一般由学科教研组长担任，或由党组织领导的职工代表大会选出，2年一届，可连选连任）。教育教学指导委员会的主要职责有：①领导各学科教研组开展日常教育教学的研究工作，②参加学校教师的选聘、评级等工作，公正发表自己的意见。

注意：①为了使教师流动轮岗合理有序地进行，规定每年申请流动轮岗的教师人数不能超过学校教师总数的10%。如果某学校有超过10%的教师申请流动轮岗，可组织有关活动，把有资格流动轮岗的教师人数，限定在学校教师总数的10%以内。②在一个学校工作已满6年的教师，可申请一次竞争性流动轮岗，成功流动轮岗的教师，可享受提高2级工作的待遇。③在一个学校的工作已满6年，却未竞争成功获得流动轮岗的机会，教师要继续留在原学校工作，以后可继续争取流动轮岗机会。没有获得流动轮岗之前，薪酬按国家原有规定正常提薪（不得享受越级2级提薪待遇），绩效工资仍按常规考核、发放。④教师职称不再与教师薪酬挂钩，但可作为流动轮岗的参考条件。教育行政部门应确定高级教师、中级教师、初级教师相对于学生人数的比例，由学校根据自身编制和实际情况同应聘教师协商其职级及相应待遇问题，真正实现评聘分离，聘薪挂钩（参见拙作《概论》第144—145页）。

任何组织和个人不得强迫教师流动轮岗，也不得阻挠教师流动轮岗，违者按相关规定严肃处理。申请流动轮岗的教师由于各种原因未能成功流动轮岗，原单位应继续留用，不得有任何歧视，违者按相关规定严肃处理。一旦发现某校长、教师在选聘工作中有作弊现象，除公开批评、惩处外，还要将该事项真实、完整、简明地记入诚信黑榜，使其对他们的流动轮岗产生负面影响。

由本校优秀教师组成的教育教学指导委员会负责遴选教师工作，一般能够遴选出运用先进教育教学思想改进教育教学方法，在深受学生欢迎的基础上成绩优秀的教师。这样的教师流动轮岗，才能起到帮助教师解决

"职业倦怠，教改乏力"问题的作用，并最终起到帮助学生解决"课堂无趣，课业无度"问题的作用。同时还能最大限度地避免权钱交易带来的腐败问题。职称"评聘分离，聘薪挂钩"必然形成这样的局面：由于原来各方面条件较好的学校，会因为有较多拥有高职级教师，而高职级工作岗位有限，激烈竞争会促使部分优秀教师离开；而原来各方面条件较差的学校，会因为高职级教师人数较少，高职级工作岗位虚以待就，更好地吸引优秀教师前来应聘。如此一来，就能收到促进师资均衡配置的效果。

由以上所述可以看出，理事长、校长和教师的流动轮岗各具特点：理事长任期届满后，必须离开当时所在学校；校长任期届满后，未必离开当时所在学校，而且只要理事会不断续聘，他的校长生涯可能在同一个学校度过；教师任期届满，可以离开原先所在学校，也可以留守在原先所在学校。

总之，只有以科学发展观为指导，充分运用市场机制调节师资配置，才能综合解决教育管理中存在的教育资源不均衡，教师缺乏教改动力，课堂无趣、课业无度，教师实际收入总体水平较低等问题，促进教育公平发展、高效发展、可持续发展。

后　记

　　本书的初稿《整体设计教育改革目标》完成于2014年6月16日。笔者于当月20至22日在"中外基础教育学术交流"活动中，同部分与会专家交流书稿要点、主旨，深受诸位专家的认可。

　　本书欢迎广大读者刊登、转载、引用，但刊登和转载时须通知作者并沟通有关修改意见，引用时请注明出处，否则承担侵权责任。也欢迎您通过博客（地址是wwh5200888.blog.163.com，或实名搜索"武文虎的思想家"）、电子邮箱（wwh5200888@163.com）等途径，与作者就教育学、经济学、哲学等问题展开广泛讨论。

　　本书在著述过程中得到了太原市外国语学校胡进校长和武翻旺书记的关注和支持，本人在此对他们的付出表示真诚的感谢！

　　本书成册之际，恰逢我校成立三十周年，在此，诚挚祝愿太原市外国语学校永续辉煌，桃李满天下！

作者：武文虎
2014 年 11 月 17 日